Müßiggang und Faulheit sind eine Antwort auf Fremdbestimmung und Verwertungszwang, und ganz gewiß ein Schritt zur Versöhnung von Lust und Arbeit, am augenscheinlichsten und lustvollsten ausgebildet im Liebesspiel...
Es ist Zeit, gegen eine überzogene Ideologie der Arbeit anzugehen, die Menschen unglücklich macht und die Welt zerstört.
Wir brauchen ein Recht auf Faulheit, als Recht auf Muße, Kontemplation, Nichtstun...
Wir müssen das Nichtstun zur Tugend erheben, wollen wir nicht im globalen Roboterstaat enden, der von unkultivierten Nutzmenschen, von Arbeitstieren und Konsumidioten bevölkert wird.

Faulheit adelt

Texte gegen das herrschende Arbeitsethos

Herausgeber
Heinrich Droege

Copyright© Aarachne Verlag
Frankfurt / Wien 2000

Alle Rechte an dieser Ausgabe vorbehalten

Zweite Auflage

Layout: Horst Droege
Cover-Art: Horst Droege
unter Verwendung des Gemäldes „Schlaraffenland" von Pieter Bruegel d.Ä.

Druck: Difo-Druck OHG, Bamberg

ISBN 3-85255-049-1

"... und es wird ein Dekret erlassen, daß, wer sich Schwielen in die Hände schafft, unter Kuratel gestellt wird; daß, wer sich krank arbeitet, kriminalistisch strafbar ist; daß jeder, der sich rühmt, sein Brot im Schweiße seines Angesichts zu essen, für verrückt und der menschlichen Gesellschaft gefährlich erklärt wird;..."
Georg Büchner, Leonce und Lena

*Nichtstun - ja bitte, sagen die Kirchen,
aber erst nach dem Tod.
Die Regierungen schließen sich an.*

*Aber die Ewigkeiten, die erst nach dem Tod anfangen,
sind schlechte Ewigkeiten.
Wenn die Arbeit mit der Vertreibung aus dem Paradies begonnen hat,
dann beginnt das Paradies
mit der Vertreibung der Arbeit.
Wer arbeitet, will kein Paradies.*

*Wer arbeitet, will das Glück in Zukunft.
Wer nicht arbeitet, hat es jetzt.*

Reinhard P. Gruber, Manifest der Faulheit

Inhalt

Christine Wittrock
Lob der Faulheit　　　　　　　　　　9

Ernst Petz
Lohn des Fleißes　　　　　　　　　　11

Heinrich Droege
Manchmal packt mich die Angst, ich wäre
bereits im Paradies　　　　　　　　17

Kurt Setz
Hat da jemand asozial geschrien...?　29

Inge Brunner
Karriere fressen Seele　　　　　　　49

Heinrich Droege
Lob des Müßiggangs　　　　　　　56

Achim Wagner
Fortuna　　　　　　　　　　　　　57

Jochen Kunzmann
Faulheit? Pfui Spinne!　　　　　　　70

Peter Philipp Kleinfercher
Ein Wegeswandel　　　　　　　　97

Heinrich Droege
homo konsumentis 104

Georg Meschek
Das Leben des Papstes
Giovanni-Battista VII 117

Matthias Schmidt
Sozialschmarotzer? 122

Alfred Paul Schmidt
Spitzweg, oder: Und was nützt jetzt der
ganze Fleiß? 129

Heinrich Droege
Der letzte Tag 177

Heinrich Droege
Vom Aberwitz unseres Arbeitsethos 195

*Nichtstun ist die ökologisch
verträglichste Form
des Daseins.
Hartmut Graßl, Klimaforscher*

*Bier statt Kerosin.
Ernst Petz, Schriftsteller*

Christine Wittrock

Lob der Faulheit

Arbeit adelt, behauptet das Sprichwort und der Volksmund setzt keck hinzu: Dann bleiben wir bürgerlich.
Aber erst das Bürgertum erfand die übermenschliche Plackerei und beteuerte, daß Arbeit das Leben süß mache, - ja, so süß wie Maschinenöl!
Ich setze dagegen, daß es zumindest dem Mitteleuropäer zur Zeit mehr an Kontemplation als an Arbeit gebricht: Was wäre, wenn er sich der wütenden Tarantella ums Goldene Kalb - diesem Teufelskreis von Konsum und Verknechtung - verweigern würde?
Mir für mein Teil ist die Trägheit des Südens lieber: friedvolles Arkadien, ein ruhiges Meer, Nächte mit großer Stille und sternklaren Himmeln, die angefüllt sind mit dem Zirpen der Zikaden.
Du wunderst Dich über die Kargheit meiner Zeilen? Das hat seinen Grund: Ich bin zu faul, mehr zu schreiben. Es ist Dämmerung, die Stunde zwischen Hund und Wolf; und jetzt verströmen die blühenden Orangenbäume ihren betörenden Duft und auf den Bergen liegen die letzten Sonnenstrahlen eines nicht wiederholbaren Tages.

Nichtstun vermehrt den Frieden der Welt

Friedrich Georg Jünger

Ernst Petz

Lohn des Fleißes

Klar bin ich selber schuld, kann schon sein, daß ich selber schuld bin, aber was hilft mir das jetzt? Wie viele Jahre ist es her, seit ich gelesen habe, daß ein Mensch, der an einem Herzinfarkt stirbt, unter Umständen vorher schon 40, 42 Herzinfarkte überlebt hat? Von denen er unter Umständen gar nichts gemerkt hat? Die sie erst anhand der Narben am Herzen bei der Autopsie feststellen? Hätt' ich mir was erspart, wenn ich an einem der Vorgänger dieses, ich bin ziemlich sicher, letzten, draufgegangen wäre? Okay, jetzt weiß ich's: eine ganze Menge hätt' ich mir erspart, zumindest die letzte Erkenntnis, dass die ganze Scheißplackerei umsonst war. Vergebens. Vergebens, umsonst war überhaupt nichts in diesem Scheißleben. Und weil nichts umsonst ist in so einem Scheißleben, lieg' ich jetzt so da, wie ich da lieg'. Hab' ich einmal gehört, dass in den letzten Augenblicken das ganze Leben vorüber flutscht? Auch so ein Blödsinn, nix flutscht, und wenn was flutscht, dann die Erkenntnis, daß alles umsonst war. Nein! Verdammt, nicht umsonst: vergebens! Vergebens, vergebens, vergebens, vergebens, vergebens. Die Streberei im Studium, weil sich's die Alten so eingebildet haben, was hat mich der Scheiß' denn schon interseeiert? Umgefallen bin ich, weil ich nächtelang gestrebert habe, ich war bestimmt nicht der einzige auf der Welt, der zu blöd war zum Studieren, und ich war bestimmt nicht der einzige, der's trotzdem gemacht hat, sogar geschafft hab' ich's, aber umgefallen bin ich dreimal, viermal, fünfmal, einfach Augen über und weg, oft stundenlang, keine Ahnung, ob das schon solche Vorfälle waren, wo's dann bei der Autopsie am Herzen die Narben zählen und sich totlachen ... Totlachen! Das hätt' ich mir als Todesursache immer gewünscht, dass ich mich einmal totlache. Aber jetzt ist ziemlich Schluß mit lustig, da ist nichts zum Lachen, da ist nur mehr zum in den Nebel hineinstarren, die reden und reden und es klingt wie durch Tonnen von Watte. Warum tut eigentlich nichts weh? Warum spür' ich nichts davon, dass ich sterbe? Denn dass ich sterbe, das ist gewiß, diesmal ist's nichts für die Nachwelt, nichts für die Autopsisten. Diesmal geht's ums Ganze, und wenn mich jemand fragen würde, warum ich das weiß, ich wüßt's nicht, Ich weiß es einfach. Hätt' ich dem Chef nicht lieber eine reinhauen sollen, statt immer zu spuren? Hätt' ich ihm nicht lieber eine 'reinhauen sollen, statt ihm die Verantwortung abzunehmen? Immer noch länger zu bleiben und noch länger zu bleiben und ihm seinen Scheißarsch aus der Schlinge zu ziehen? Immer wieder? Hätt' ich nicht auch einfach gehen sollen, wenn die Stunden um waren, so ein Spaß war das Arbeiten bei dem Idioten doch gar nicht ... und dann immer öfter immer später nachhause, und zuhause dann natürlich erst recht die Übertroubles mit der Alten, warum ich Idiot immer den Idioten für alle mache, und die anderen gehen ja auch, und ich laß' mir alles gefallen und bin immer der Idiot für alle anderen, und was hab' ich denn davon? Stundenlang, nächtelang ... ein Leben lang. Eigentlich könnt' ich froh sein, dass ich nur eines hab', bin ich aber auch nicht. Einmal nur war's ein wenig kürzer, als ich wieder umgefallen bin, zusammengeprackt, im Spital gelandet, vier Tage, aber da war natürlich auch ich schuld, nicht die Scheißhacke und nicht die Alte, die mir das Leben zur Hölle gemacht hat und je-des-mal die ganze Liste unserer Weiber in der Firma durchgegangen ist, die je-desmal unbedingt wissen wollte, mit welcher ich es diesmal getrieben hätte, wenn ich wieder einmal länger bleiben musste, um irgendeine Schlamastik zu bereinigen, in letzter Sekunde, immer in letzter Sekunde, und dann hatte ich's geschafft und hatte Angst, nachhause zu kommen, weil ich genau wusste, das würde wieder losgehen, immer gleich, immer gleich und immer mit denselben Worten und in derselben Tonlage, schrill, laut, immer dieselben Vorwürfe und nie eine Chance, sich zu verteidigen, wer wollte denn schon zuhören, wo sie doch ohnehin alles wusste, genau wusste, und dann war da wieder dieser Stich, unterm Herzen, im Herzen, im Herzen kann's ja angeblich nicht schmerzen, weil's im Herzen keine Nerven gibt, aber was war dann immer dieses Loch, dieses Loch in der Brust, von dem der Schmerz bis in die Spitze des kleinen Fingers schoß, manchmal in die andere Richtung, ins Bein, bis ganz runter ins Bein, und ich konnte mich dann nur noch mühsam bewegen, es dauerte immer, dauerte immer länger, bis ich keine Angst mehr zu haben brauchte, dass jemand etwas merkt. Und merken durfte ja niemand was, weder im Job noch zuhause, nur die Kasse musste immer stimmen, noch ein neueres Auto und noch eine größere Wohnung, und noch blödere Kinder müssen unbedingt studieren und noch ein Urlaub in noch exotischeren und anstrengenderen Gegenden, bloß nicht nachlassen, bloß nicht hinter den Nachbarn und hinter den Verwandten bleiben, bloß nie irgendwo einfach nichts tun, einfach erholen, drüberschnaufen ... ein Leben lang nicht, ein Leben lang nie, wenn ich's mir, jetzt, wo's zu spät ist, genau überlege: Jedes Wochenende war zugeplant, und jeder Tag ... wenn ich's wirklich einmal schaffte, früher nachhause zu kommen, hieß es, umziehen, das muß nämlich ausgenützt werden, da muß man sofort etwas unternehmen, da muß man sofort unterwegs sein, und wenn's noch so langweilig war, nichts wie wieder weg von zuhause, bloß nicht stillsitzen, bloß immer in Bewegung, bloß immer den Arsch von A nach B, auch wenn's sonst nichts war, Hauptsache, es stresste. Und immer hinter der Maske, immer so tun als ob, immer so tun, als würde es einem nichts ausmachen, im Gegenteil, als wär's die Erfüllung schlechthin, als würde man nichts lieber tun ... und immer schön kaschieren, dass einem wieder einmal schwarz vor den Augen, einmal schwarz vor den Augen, dass man auf der Autobahn echt weggetreten war, und nicht eingeschlafen, wieder so eine Narbe in der Pumpzentrale, die linke Hand, den linken Arm eingeklemmt zwischen Fahrersitz und Autotüre, weil er tot war, weil man ihn nicht bewegen konnte, erst allmählich kehrte damals wieder Gefühl zurück, das hat sicher eine besonders schöne Narbe gegeben, da werden sie sich freuen, wenn sie sie entdecken ... Wenn sie sie entdecken, denn warum sollen sie mich autopsieren ... heißt das autopsieren? Ist doch alles klar, ist doch eh alles klar also warum sollen sie sich um mehr kümmern, als mich unter Abhaltung eines gesellschaftlichen Ereignisses in die Erde zu bringen? Da bin ich aber froh, dass ich da nicht dabei bin, das heißt, dabei bin ich schon, sicher, aber das erste Mal wird's kein Krampf, das erste Mal wird's nicht anstrengend, das erste Mal muß ich keine Maske tragen, kann so richtig faul da liegen und muß mit niemandem reden und nicht einmal freudlich schauen. Genau das, was ich ein Leben lang gerne getan hätte, endlich, endlich darf ich's! Endlich, endlich darf ich's! ... Aber wirklich gelohnt hat sich's doch auch nicht, dafür gelebt zu haben, dass man dann einmal, ein Mal tun darf, was man will, und wie man's will ... und ... oh ja, auch, so lange man will. Ich freu' mich irgendwie darauf, ich freu' mich irgendwie darauf, endlich meine Ruhe zu haben, endlich einmal einfach nichts, NICHTS! zu tun, und keiner kann mir was!

Fleiß und Arbeit lob` ich nicht.
Fleiß und Arbeit lob` ein Bauer.
Ja, der Bauer selber spricht,
Fleiß und Arbeit wird ihm sauer.
Faul zu sein, sei meine Pflicht;
Diese Pflicht ermüdet nicht.

Bruder, laß das Buch voll Staub.
Willst du länger mit ihm wachen?
Morgen bist du selber Staub!
Laß uns faul in allen Sachen,
Nur nicht faul zu Lieb` und Wein,
Nur nicht faul zur Faulheit sein.

Gotthold Ephraim Lessing, Die Faulheit

Heinrich Droege

Manchmal packt mich die Angst, ich wäre bereits im Paradies

Eines morgens erwachte ich aus bedrückendem Traum schweißgebadet und wußte, was zu tun war. Ich mußte mir einen Hau zulegen. Ich mußte verrückt werden, bevor ich verrückt wurde.

Mimikry war angesagt. Ich mußte ja nicht so weit gehen wie Alfred Jarry, der seinen Tod und seine Beerdigung inszeniert hat und unter anderer Identität weiter lebte, noch 50 Jahre lang.

Meine dritte Metamorphose war überfällig. Ich war jetzt 16 Jahre lang Puppe gewesen. Vorher Raupe, das war meine Studienzeit, waren meine geilen Jahre, Nächte über Büchern oder zwischen den Schenkeln von Kommilitoninnen. Puppe war ich dann im Labor, im Ehebett, am Kinderbettchen, wenn die Kleinen fieberten. Es war Zeit, ein Schmetterling zu werden. Jede Verwandlung ist schmerzhaft, aber auch interessant. Die Verwandlung der Puppe in einen Schmetterling ist auch nicht ohne. Ein Gefühl des Unbehagens, der Enge muß das kleine verkapselte Lebewesen auch haben. Es weiß dann, daß es Zeit ist, die hornige Hülle loszuwerden - oder zu sterben. Die Puppe muß aufreißen und als Ballast abgestreift werden, um den Schmetterling zu gebären. Den Schmetterling oder den Falter. Mir ist beides recht, dachte ich, sowohl Falter wie Schmetterling spüren die Luft, sehen das Licht.

Ich habe es wahrlich oft versucht, habe viele Eingaben gemacht: Halbtags zu arbeiten langt mir. Immer abgelehnt; sogar im Gegenteil mußte ich mehr und mehr Überzeit arbeiten, oftmals bis in die Nacht hinein. Wir können Sie nicht entbehren! Unser bester Mann. Das hat man davon, wenn man gut ist und viel arbeitet. Einem dummen Esel packt man immer mehr auf. Dabei war ich nie motiviert. Was erst könnte ich dann leisten!

Ich war krank: krankgeschrieben. Der Hausarzt war überfordert, der Neurologe auch. Die konfulischen Zuckungen setzten sofort ein, wenn ich mich einer Arztpraxis nur näherte. Eine Kernspintomographie von meinem Kopf wurde gemacht. Drei Ärzte begutachteten die Aufnahmen meines Gehirns; da waren keine symptomatischen Veränderungen festzustellen, überhaupt keine Veränderungen. Wollen Sie damit sagen, ich simuliere!? fragte ich aufgebracht. Nein, keineswegs, beschwichtigte der Radiologe, erklärte, daß er jahrelang am Max-Plank-Institut für Hirnforschung beschäftigt war, tausende Hirne in dünnste Scheibchen geschnitten und untersucht hatte: keine Unterschiede am Hirn von Schizophrenen, Debilen und normalen Menschen...

Meine Verrücktheit war organisch nicht nachzuweisen. Das Gegenteil auch nicht. Ich war arbeitsunfähig. Das bekam ich bald amtlich. Seitdem geht es mir gut. Ich bekomme sogar mehr Geld, als wenn ich halbtags arbeiten würde. Jetzt habe ich Zeit das Brevier für junge Eheleute zu lesen, das meine Frau bei unserer Eheschließung geschenkt bekam. Das erspart mir die Eintrittskarte fürs satirische Kabarett: Wie es eine Berufung zum Glauben gibt, so auch eine zur Arbeit. Die Arbeitsleistung ist das innerweltliche Zeichen göttlicher Erwähltheit. Passivität und genußfreudige Zerstreuung sind die Verführungen des Teufels.

Ich schlafe jetzt wieder gut. Im Schlaf wissen wir nichts von dem, was wir wissen; aber er spült hoch, was wir nicht wissen: Träume. Mein Schlaf weiß nichts von Dissimilation und Cytologie, aber er weiß von der Rache der gequälten Tiere. Die suchten mich nachts heim. 18 Jahre lang habe ich sie quälen müssen, um die chemischen Ingredienzien für Seife, Lippenstifte, Shampoon und Parfüm zu testen. Das Leben hat mich interessiert, deshalb habe ich Biologie und Chemie studiert - und bin dann in der Kosmetikindustrie gelandet. Wenn man erst mal eine Familie hat, dann haben sie einen im Griff: im Würgegriff.

Ich bin zu ersetzen, immer und überall. Zudem war unwichtig was ich machte, es war sogar schädlich. Manche ziehen aus ihrer Arbeit ein gutes Gefühl, identifizieren sich gar mit dem Scheiß, den sie machen. Sollen sie. Ich arbeitete immer nur für den Lebensunterhalt, irgendeine Befriedigung war mir meine Arbeit nie.

Zwei Freunde haben sich umgebracht; einer vor 3 Jahren, der andere im Frühjahr, beide im besten Mannesalter, beide gesund, beide Opfer der Raubtierinstinkte des Kapitalismus, wie Milton Friedmann sie propagiert. Beide haben das Versagen des Systems als eigenes Versagen genommen. Beide waren überaus liebenswürdige und tüchtige Menschen.

Wenn mir ein Halbtagsjob angeboten wird, bin ich vielleicht bereit wieder zu arbeiten. Sonst nicht. Im Übrigen arbeite ich auch jetzt. Dreimal die Woche gehe ich in die hiesige Hauptschule und lese mit den Kindern der Ausländer, bringe ihnen deutsch bei. Das ergab sich so durch meine kleine Tochter, in deren Klasse 50% der Kinder Ausländer sind. Jetzt im Frühjahr habe ich mit anderen einen Krötenzaun gebaut entlang der Landstraße. Nach Sonnenaufgang und nach Sonnenuntergang sammeln wir die Kröten ein und bringen sie auf die andere Straßenseite, wo ihre Leichgewässer sind.

Mit dem Geld kommen wir hin. Es ist nicht so, daß wir in schäbigen Klamotten raumlaufen; wir kaufen auf dem Kleiderbarsar, da bekommt man tolle Markenklamotten für wenig Geld: Boss-Anzüge für 4o Mark, Lederjacken für 50 Mark. Lauter Designerklamotten, alles kaum getragen. Manches vielleicht geklaut. Die üblichen Spielereien haben wir allerdings nicht. Telefon ja: Handy nein. Auch keinen Internet Anschluß. Bekannte von uns haben jetzt ihre Kücheneinrichtung rausgeworfen, die dritte schon in 14 Jahren. Erst war es Naturholz, dann mußte es weiß Schleiflack sein, jetzt das allermodernste: rosa mit Metalleisten. Für so was lassen die sich auf Trab halten.

Wir sind sparsam, aber nicht geizig. Frisches Obst und frisches Gemüse kommen immer auf den Tisch; Fleisch nicht täglich. Als Kind gabs bei uns zu Hause nur Sonntag Fleisch, manchmal unter der Woche Frikadellen. Karotten, Kohlrabi und Obst durften wir im Garten holen und davon essen, so viel wir wollten. Alles roh. Vielleicht habe ich deshalb noch meine Zähne alle.

Bücher leihen wir in der Bibliothek aus oder kaufen sie auf dem Basar. Für 22 Mark habe ich letztens 9 Bücher und 7 CDs erstanden; kein Schund, gut erhaltene Sachen, z.B. Robinson Crusoe, illustriert von G. Oberländer (1956) bei der Büchergilde Gutenberg erschienen, für eine

Mark. Ovid: Metamorphosen, mit den Illustrationen von Picasso für 2 Mark. Was die Leute so wegschmeißen oder für nix verscherbeln, wenn der Opa gestorben ist. Tausend Bücher hat er uns hinterlassen, aber kaum Bargeld!

Die Bilder in unserer Wohnung malen wir uns selbst. Vor allem unsere kleine Tochter malt witzige bis verrückte Aquarelle; schön, wirklich. Es macht ihr Spaß, vor allem auch deshalb, weil ihre Kunstwerke die Wände zieren. Alle paar Monate muß eine neue Kollektion gerahmt werden. Wir benutzen Wechselrahmen, so bleibt das billig; die alten Bilder wandern in eine Truhe im Keller.

Ich höre viel Musik, schon immer eigentlich. Während meiner Studienzeit die Beatles und sowas. Deren Bandbreite war erstaunlich, faszinierte mich. Leider habe ich nie gelernt ein Instrument zu spielen, dazu waren meine Eltern zu arm, und später dann, war es zu spät: büffeln bis in die Nächte hinein. Reicheren Kommilitonen habe ich die Arbeiten geschrieben, für Geld natürlich. Heute ist es zu spät, ein Instrument zu erlernen, aber nicht zu spät, Musik zu hören. Bartok ist zur Zeit der Größte für mich. Ich höre ihn wieder und wieder.

Vorige Woche bekam ich eine Einladung zu einem Vorstellungsgespräch vom Arbeitsamt. Sofort stellten sich die Gesichtszuckungen ein.

Der Beamte verkroch sich unter seinem Schreibtisch, als er mich zuckend und Armkeulen schwingend vor sich sah.

Ich bin kein Loser: Arbeitsloser. Ich bin ein Winner. Ich muß nicht pünktlich irgendwo sein und mich mit Menschen umgeben, die ich nicht mag. Ich muß keine Arbeit tun, die ich verabscheue. Mögen sich aufgetakelte Weiber ins Gesicht schmieren, was sie wollen, ich will damit nichts mehr zu tun haben. Von mir aus können sie sich Brustwarzen und Schamlippen noch zusätzlich rot schminken, ich werde deshalb keine Mäuse und Hasen mehr quälen, auch keine Äffchen.

Ich bin unökonomisch, klar; vorher war ich verbrecherisch. Ich bin jetzt verrückt vielleicht, aber ich bin nicht schwachsinnig. Schwachsinnig ist die Werbung im TV, noch schwachsinniger all diejenigen, die sich das ansehen und gar drauf reinfallen.

Wecker gibt es keinen mehr im Haus. Wir schlafen, bis wir aufwachen. Manchmal kriechen wir dann zusammen, machen das Tier mit zwei Rücken. So hat Shakespeare es genannt. Hätte ich früher auch nicht gewußt. Auch nicht, daß Noam Chomsky gemeinsam mit Bertrand Russel in der Bewegung gegen den Völkermord in Vietnam engagiert war.

In unserer Gesellschaft sind Eigenarbeit und auf Gegenseitigkeit gründender Austausch zugunsten des verfluchten Zwangs zur Lohnarbeit und zu Warenbeziehungen zerstört. Wenn man dagegen was sagt, heißt es sehr schnell: Zurück zur Steinzeit! Unsinn. Daß Arbeit ausschließlich unter dem Gesichtspunkt der Erwerbsarbeit gesehen wird, hat nichts mit menschlicher Natur zu tun, sie gründet sich auf eine falsche geschichtliche Entwicklung.

Wir frühstücken ungefähr eine Stunde lang. Früher schob ich mir zwischen Tür und Angel eine Marmeladestulle ein, noch schnell ein Schlückchen Kaffee und raus-. Oft hole ich uns Croissants in der Supermarkt-Bäckerei.

Mir ist nichts vorgegeben. Ich muß nach keiner Pfeife tanzen. Ich bin Herr meiner Zeit und Meister meines Lebens. Es gibt da andere, die ertragen die Freiheit nicht. Erinnert mich immer an die zwei Sklaven, die Don Quixote befreit, und die darauf bestehen, nun seine Sklaven zu sein.

Man muß kreativ sein, wenn man freigesetzt ist, muß vielfältige Interessen haben, sonst wird man vielleicht depressiv oder zum Alkoholiker. Was andere denken, muß einem wurscht sein. Man darf sich nicht als Versager fühlen. Wir haben das christlich-kapitalistische Arbeitsethos verinnerlicht, es ist nicht leicht loszuwerden, was uns tagaus- tagein eingetrichtert wurde und wird.

Am schönsten ist's im Sommer. Mit dem Fahrrad radeln wir raus zur Kiesgrube, schwimmen eine halbe Stunde und sind pünktlich zurück, wenn die Kleine aus der Schule kommt. Wir haben dann die Kiesgrube für uns. Am Wochenende liegen die Sonnenhungrige dort wie die Sardinen in der Büchse.

Seit einem Jahr bin ich nun raus aus der Tretmühle, freigestellt, wie das heute heißt. Ich finde, freigesetzt oder auch freigestellt ist ein besserer Ausdruck als arbeitslos, auch genauer. Freigestellt von Arbeit, freigesetzt und nicht mehr festgesetzt... Arbeitslos bin ich nicht. Ich habe immer zu tun. Ich bin freigesetzt um Vernünftiges und Wichtiges zu tun. In diesem Jahr habe ich 50 Bücher gelesen und mehrere tausend Stunden nachgedacht und vorgedacht. Vielleicht werde ich ein Buch schreiben; natürlich nahe an meinem Fachbereich bleiben: Biophysik, Biochemie. Ich will warnen vor dem was kommen kann. Aber vielleicht bin ich auch zu faul dazu. Wahrscheinlich sogar, weil ich bezweifle, daß es einen Sinn hat.

Leben hat einen Sinn. Kröten sammeln und spielen, Musik hören und wandern am Meer im Saum der Wellen... Sich unterrichten. Nie hatten wir mehr Möglichkeiten dazu als heute; aber es wird nicht genutzt. Auch Sex ist was schönes, und Gespräche mit Freunden.

Wenn ich mal gar nicht weiß, was mit mir und meiner Zeit anfangen, dann spiele ich Schachpartien großer Meister nach: Bobby Fischer gegen Boris Spassky. Aber viel öfter spiele ich Schach mit unserer Neunjährigen, und wenn ich ohne Dame spiele, zieht das Weib mich regelmäßig ab.

Faul bin ich auch: ich bekenne mich dazu. Was heißt überhaupt faul sein? Es heißt doch in Ruhe denken: nachdenken, vordenken. Ein Fauler hat das Rad erfunden, weil er nicht schwere Gewichte auf seinen Schultern schleppen wollte. Ein Fauler hat die Flöte gefertigt, aus Dankbarkeit für Musestunden, in denen er darauf spielte. Die besten Ideen habe ich, wenn ich faul auf dem Rücken liege und in den Himmel schaue; entweder den ziehenden Wolken nach, oder in die Pracht der funkelnden Sterne. Vor allem erkenne ich dann, wer ich bin, erkenne, daß mein bißchen Scheiß gar nicht wichtig ist.

Die technische Revolution heute wird größere Veränderungen und Einschnitte bringen als die industrielle Revolution vor rund 200 Jahren. Wollen wir nicht ein Heer von Menschen haben, die glauben Abfall und Schrott zu sein, müssen wir Lohnarbeitszeit beträchtlich reduzieren, und wir müssen den Menschen klarmachen, daß sie ein Recht auf Faulheit haben. Wir sind auf dem besten Weg mit unseren Techniken und Werkzeugen die Spezies Mensch ersetzbar zu machen. Eine Nanomaschine oder ein Roboter können sich immer wieder selbst neu erschaffen, diese Maschinen werden sich selbstständig reproduzieren. Wir müssen nur achtgeben, daß Mensch und Maschine nicht eins werden. Und die Gentechnik - da kenne ich mich einigermaßen aus - wird hauptsächlich vorangetrieben des Geldes wegen. Kommerz, Kommerz!!! Die Natur des Menschen ist es, zu wissen, sagte schon Aristoteles. Aber wir müssen das RICHTIGE wissen, und alles Wissen ethisch hinterfragen. Alle Forscher und Wissenschaftler müssen so etwas wie einen hippokratischen Eid ablegen, wie die Mediziner.

Wir müssen bescheidener werden. Wir öffnen sonst die Büchse der Pandora. Wir arbeiten an Dingen, die unsere menschliche Reife weit übersteigen. Lassen wir die Maschinen arbeiten für uns und leben wir stattdessen ein menschenwürdiges Leben.

Man muß erstmal leben, um gerne zu leben.

Ich lebe - und wie...! Gestern las ich einen Satz des polnischen Aphoristikers Stanislaw Jerzy Lec: Manchmal packt mich die Angst, ich wäre bereits im Paradies. So geht es mir auch.

*Die Arbeit ist etwas Unnatürliches,
die Faulheit allein ist göttlich.*
Anatole France

Um schließlich eine richtige Idee dieser Leidenschaft zu geben, muß man sagen, daß die Faulheit eine Glückseligkeit der Seele ist, welche sie über alle ihre Verluste tröstet und ihr als Ersatz aller ihrer Güter dient.
La Rochefoucauld, Unterdrückte Maximen

*Die größte aller Torheiten ist, seine
Gesundheit aufzuopfern, für was es auch sei,
für Erwerb, für Beförderung, für Gelehrsamkeit,
für Ruhm.*
Arthur Schopenhauer

Kurt Setz

Hat da jemand asozial geschrien...?

Aussteigen! Abhauen! Nur noch weg! Ich hab`die Nase voll. Bis obenhin und höher!
Irgendwann, nach allen Eiertänzen, kommt die Frage, bin ich ein real existierender Masochist? Macht es mir Spaß, in der Scheiße zu wühlen, mich durch Scheiße ziehen, mich verarschen zu lassen? Den immer hoffnungsvollen Deppen spielen, positives Denken, nicht aufgeben, arbeiten, weiter machen, soziales Engagement, sich anpassen, Vorbild sein, in der Arbeit aufgehen, mit der Arbeit sich identifizieren, und außerdem, - so ganz nebenbei – verdient man mit dieser Arbeit ja auch die notwendige Kohle, mit der man Miete, Auto, Ratenverträge, sein Essen, wenn auch mehr und mehr vom Aldi, und die neueste PC-Version bezahlen kann, denn man muss ja, wenn man schon über Fünfzig ist, wenigstens auf dem Laufenden sein, um nicht völlig abgehängt zu werden.
Trotzdem, es reicht! Ich will nicht mehr! Es geht mir wie einem starken Raucher, der jahrelang das Rauchen aufgeben will, aber erst die Kurve kriegt, als die Bronchen röcheln, die Atem- und

Blutwege verstopft sind, als der Tabak kein Genuß, sondern nur noch mies, ekelhaft und scheußlich war, wie ungeputzte Zähne nach drei durchgesoffenen Nächten. Vor zwei Jahren hatte ich das Päckchen Tabak und die Blättchen im hohen Bogen und für die Freunde teils symbolisch, teils theatralisch über den Tresen der Stammkneipe und in deren Mülleimer geschmissen. Vorher war mir kotzübel gewesen, hatte den Eindruck, das Bier schmeckt nach warmer, sauerer Pisse und die Zigarette nach Schwefel und Salpeter, und es schien mir keine andere Befreiung zu geben als die radikale.
Ein Jahr später stand ich vor einem ähnlichen Problem mit identischer Symbolik. Aber diesmal betraf es mein Leben. Und das von Andrea, meiner Lebensgefährtin, die, wie ich, auch nach 25 Jahren Gemeinsamkeit keine Veranlassung für eine Eheschließung sieht und trotzdem mit mir durch Dick und Dünn gegangen ist.

„Warum packen wir nicht unsere Koffer und steigen aus?!" fragte ich Andrea nach dem letzten beruflichen Desaster. „Die Möbel verkaufen, verschenken, auf den Sperrmüll mit dem ganzen Plunder! Nur noch das Nötigste behalten! Wir klammern uns an Dinge, die uns zu viel belasten...! Wir arbeiten fast nur, um diesen ganzen Schrott zu bezahlen!"
„Auch unser Bücher, und die Schallplatten, und die Fotoalben? Meine Staffelei, die Fotoausrüstung und deine Manuskripte?" fragte Andrea.

Sie hing daran, es fiel mir wieder rechtzeitig ein, ich sagte beruhigend, die nehmen wir natürlich mit, alles was dir lieb und heilig ist, nehmen wir mit...! Aber dann wollen wir auch wieder leben, sagte ich, endlich wieder einmal ein Buch an einem Stück lesen, du wirst wieder Bilder malen, fotografieren und selbst entwickeln, und ich..., ich werde nur noch schreiben was mir Spaß macht, und wenn wir nicht genügend Geld für'n Essen im Restaurant oder für 'nen neuen Staubsauger haben, dann machen wir Picknick am Strand und lassen den Staub einfach liegen. (Als das Aussteigen dann wirklich greifbar wurde, war es doch keine einfache Entscheidung, was zurück bleibt, und was mit auf die Reise geht. Das Auto war bis unters Dach vollgestopft mit persönlichen Dingen; Kühlschrank und Fernseher landeten beim Roten Kreuz, die Möbel bei Freunden und auf dem Sperrmüll, die Krawatten und guten Hemden bei einem Kroaten, der ein Bleiberecht bekommen und Arbeit gefunden hatte, und dessen ganze Familie uns nur Kopf schüttelnd ansah, als wir den Grund unserer Schenkung erklären wollten).

„Aussteigen? Und danach?" fragte Andrea. „Man kann nicht einfach aussteigen ohne Ziel! Es gibt kein Niemandsland! Irgendwo werden wir wieder einsteigen und gewisse Regel akzeptieren müssen. Vielleicht mit weniger materiellen Ansprüchen! Vielleicht mit mehr Zeit für uns! Aber irgendwo, auch am Mittelmeer und in der Sonne, werden wir wieder arbeiten und Geld verdienen müssen; von Luft und Liebe können nur Siebzehnjährige in ihren Träumen leben, und unser Gespartes wird in ein paar Monaten drauf sein...!"

„Aber ich werde keine Artikel gegen meinen Willen mehr schreiben!" sagte ich erregt. „Ich werde mir mit meiner Arbeit nicht mehr das Kreuz verbiegen und meine Manuskripte nicht mehr dem Bedarf der Werbeabteilung anpassen! Das ist kein Journalismus -, das ist Prostitution!"

„Aber du liebst deine Arbeit!" sagte Andrea. „Ohne sie kannst du gar nicht existieren! Jeder von uns muss sich tagtäglich irgendwie prostituieren; sogar der Bettler in der Fußgängerpassage..."

„Was mache ich denn noch seit dieser Hoechst-Geschichte, oder seit meiner Veröffentlichung über die Korruption auf dem Arbeitsamt? Das ist doch auch nichts anderes als Bettelei." Andrea stimmte mit mir überein. Wir gingen die letzten Jahre noch mal durch. Im Chemie-Werk waren Fässer und Maschinen explodiert, es gab Tote und Verletzte. Woche für Woche neue Unglücksfälle. Über den Westteilen Frankfurts lag das Gift in Schrebergärten und auf Schulhöfen. Sie hatten Nachrichtensperre verhängt und keinen Reporter mehr durchs Werktor gelassen. Mit einer Aldi-Tüte, einem verwilderten Drei-Tage-Bart und mit schlechten Klamotten verkleidet hatte ich mich in Wallraff-Manier als Hilfsarbeiter eingeschlichen, den Dreck, das Gift weg zu schaffen, aber ich fotografierte, spionierte, sah mich um und sprach mit den Arbeitern. Das Ergebnis stand als Titelgeschichte im SPIEGEL: Schludrian und Schlamperei, schlechte Kontrollen, veraltete Technik und unausgebildetes Hilfspersonal waren hauptsächlich die Ursache der Unglücke. Stern-TV nahm die Story auf; es folgten fast sämtliche deutsche und ein paar europäische Fernsehsender. Der Hoechst-Chef in der FAZ: „Diesen sogenannten Journalisten werden wir auf Schadenersatz in Millionenhöhe verklagen!" Na endlich! lachte Andrea, dann können wir von Sozialhilfe leben und der ganze Kampf und Krampf hat ein Ende! Ich blieb bei meinen Behauptungen. Die Wahrheit und das Ergebnis meiner Arbeit lasse ich mir auch durch Einschüchterung und Erpressung nicht nehmen. Hoechst klagt nicht, sondern lädt mich zu einem „privaten, informellen Gespräch beim Mittagessen" ein, „bei dem Sie uns Ihre Beobachtungen aufzeigen können, so dass wir in Zukunft Verbesserungen im Sicherheitsbereich unseres Chemie-Werkes vornehmen können!" Ei gucke da! Im Mittagsmagazin des Hessischen Rundfunks bestand ich darauf, zu diesem Gespräch einen SPIEGEL-Vertreter oder einen weiteren Journalisten als Zeugen mitzubringen; eine halbe Stunde später, wir saßen noch im HR-Studio, sagte Hoechst das Essen ab.

„Damals hattest du wenigstens mit neuen Folgeaufträgen für andere Zeitungen gerechnet!" erinnert mich Andrea. Stimmt! Aber sogar der

SPIEGEL machte einen Rückzieher; der Chemie-Riese warf unmissverständlich die Werbe-Sperre, also den Verlust der Werbeaufträge in Millionenhöhe, ins Spiel. Ich wurde zum heißen Eisen. In der Folgezeit konnte ich kaum ein Manuskript verkaufen, egal wo ich es anbot. Irgendwo bei Darmstadt und Wiesbaden kamen zwei kleine Zeitungen ohne Geld auf den Markt und engagierten mich. Ich schrieb, schrieb, schrieb, - beide Zeitungen machten – wegen mangelnder Werbeeinnahmen - nach wenigen Ausgaben dicht und blieben das Honorar schuldig. Ein Zeitschriften-Verlag in Schwäbisch-Hall ließ sich von mir Ideen und Manuskripte schicken. Eine Werbeagentur steckte ihnen meine „Vergangenheit"; es kam weder zur Zusammenarbeit noch zur Bezahlung meiner gelieferten Arbeit, aber meine Ideen wurden skrupellos verwertet, meine Mahnbriefe nicht einmal beantwortet, Telefonanrufe verleugnet. „Arbeit?" sagte damals sogar Andrea, die nicht so schnell die Flinte ins Korn wirft. „Arbeiten und sich engagieren? Da muss man sich nicht wundern, wenn es Leute gibt, die rennen lieber aufs Sozialamt und lassen die Beine in den Baggersee baumeln!" Und ich sagte, ja, wahrscheinlich sind wir viel zu blöde, sonst würden wir uns aufbäumen, oder aussteigen, und das Spiel nicht mehr mitspielen...!
Noch schlimmer kam es nach meinen Enthüllungen zu den Korruptionsfällen auf dem Frankfurter Arbeitsamt. Die Staatsanwaltschaft ermit-

telte – nach meiner Zeugenaussage, und nach meinen Veröffentlichungen in hessischen Zeitungen - gegen Beamte des Arbeitsamtes wegen Bestechung und Vorteilnahme; der Leiter des Arbeitsamtes wollte wegen Verleumdung und Beleidigung gegen mich klagen. Beamte des Arbeitsamtes wurden versetzt, eine Vermittlungsstelle geschlossen, die Anklage gegen mich fallen gelassen, obwohl ich diese Gerichtsverhandlung herbei gesehnt hatte, wie der Pfarrer seine Schäfchen in die Kirche. Nur Arbeit und Aufträge gab's für mich keine mehr. Ich schrieb mir die Finger wund, das Geld wurde knapper; Seminare, die ich an hessischen Volkshochschulen als Kursleiter abhielt, verhinderten wenigstens den totalen finanziellen Einbruch; nur die Liebe und Freundschaft zwischen Andrea und mir hielt stand.

Schließlich wurde ich – nach X-Bewerbungen - „leitender Redakteur" einer Stadtteilzeitung, eines kostenlosen Anzeigenblattes, das von Geschäftswerbung lebt, bei der meine Manuskripte nur noch das Alibi für angeblich unabhängigen Journalismus sind. Aber statt Dorf-Politikern und Möchtegern-Königen nach dem Mund zu schreiben und sie hoch zu jubeln (und somit die Werbeeinnahmen unseres Blättchens zu erhöhen), forschte ich in Spendengeldern und seltsamen Polit-Wurschteleien, in Vereinsmeierei und schlechtem Handwerkerservice nach.

Dann kam es von allen Seiten: Sie sind unbrauchbar! sagte mein Herausgeber. Sie bringen uns in den finanziellen Ruin! Sie müssen sich mehr anpassen! Unseren Werbekunden gegenüber mehr flexibel sein! Sie können doch keine Reportage über ein Restaurant bringen, und darin deren schmutzige Toiletten kritisieren! Das ist doch überhaupt nicht unsere Aufgabe! Sie sind ein verkappter Linker, riefen die Dorfgrößen der CDU mit sieben Mitglieder. Sie sind ein Konservativer, schrien die Genossen des SPD-Ortsvereins. Sie behandeln mich ungerecht, schrie der Handwerker, dem ich Pfuscharbeit nachgewiesen hatte. Sie sind parteiisch und haben keine Ahnung von Fußball, schrieb der Sportverein, dessen Spiel ich mit einer stolpernden Bauern-Sense verglichen hatte. Wir werden uns vor Gericht wieder sehen, rief der Ratsherr, den ich für seine politischen Eiertänze einen Heuchler genannt hatte.

„Wenn ich es mal richtig überlege", sagte ich zu Andrea, „dann machen wir hier für diese ganze Bande den Arsch, arbeiten täglich zwölf Stunden, besuchen abends noch Jahreshauptversammlungen von Geflügelzuchtvereinen, verbringen die Sonntage auf dem Sportplatz, um mit einem Foto die Eitelkeit irgend eines Kickers zu befriedigen, oder dem Sportgeschäft, das diesen Kicker sponsort, wegen einer Werbeanzeige schön zu tun; wir lassen uns von allen Seiten an- und nieder machen, versuchen trotz der Schere im Kopf noch einigermaßen sauberen Journalismus zu machen, und dafür bekommen wir einen Hungerlohn, der uns am Monatsende gerade erlaubt, eine Plus-minus-Null-Rechnung zu begleichen, die uns am Gängelband und am Überleben hält..."

„Also doch Koffer packen, aussteigen und abhauen?!" fragte Andrea.

„Ja!" sagte ich. „Lieber irgendwo im Süden und in der Sonne jemand den Garten pflegen oder den Arsch abwischen, als diesen Frust hier weiter mitmachen...! Wir ackern uns ab und andere profitieren davon. Nennt man sowas Leben?"

„Hmm!" machte Andrea, sah mich zweifelnd an, und dann: „Was schlägst du vor? Machen wir uns auf die Suche!"

Auf der Toilette wurde ich beim Zeitung lesen fündig. Kleinanzeige in der Rubrik „Ausland": Gesucht wird ein älteres (Ehe)paar, das als Hausmeister an der Côte d'Azur „in der Sonne und am Meer" leben möchte. Auch zwei drei Stunden leichte Gartenarbeit für den Mann, und die Frau könne ja ab und zu beim Hausputz helfen, aber primär kommt es auf die Sicherheit des Grundstückes an, dass überhaupt jemand während unserer Abwesenheit dort ist, sagten die Villenbesitzer beim Vorstellungsgespräch. Sie, das waren Immobilienspekulanten in einer deutschen Großstadt, reicher und Umsatz stärker, als es Schneider in seinen besten Jahren gewesen war. Beim Monopoli hatten sie ganze Straßen gewonnen.

„Wir wollen ganz offen zu Ihnen sein!" schrieb und sagte ich den beiden. „Andrea und ich sind

schon über Fünfzig, wir wollen uns nicht mehr tot arbeiten, sondern suchen einen Viertel- oder Halbtagsjob, auf keinen Fall mehr. Und angemeldet und versichert möchten wir sein. Außerdem und in der Hauptsache möchten wir neben dieser Teilzeitbeschäftigung unseren Hobbys nachgeben: schreiben, lesen, malen, fotografieren! Wenn Sie damit einverstanden sind, werden wir Ihnen Ihre Villa und das Grundstück am Mittelmeer gut und sicher verwalten und sauber halten und Ihnen gegenüber loyal sein; aber von speziellen Tätigkeiten wie Garten und Baumveredlung oder Heizungsreparatur haben wir keine Ahnung, dafür würden Sie dann bei Bedarf Fachkräfte benötigen!" Klarer und ehrlicher hätte ich es kaum formulieren können.
„Aber selbstverständlich! Sie sind genau was wir suchen! Sie werden viel Zeit haben, ihren Hobbys nach zu gehen! Wir sind ja so froh, jemand Seriöses gefunden zu haben, der auch gut Französisch spricht, die Arbeiten und die Handwerker dort unten beaufsichtigt und uns in unserer Abwesenheit vertritt. Wir sind ja höchstens drei- viermal im Jahr dort unten, aber ohne Aufsicht und Kontrolle machen die französischen Arbeiter ja was sie wollen...!"

„Ich weiß nicht recht...!" sagte Andrea auf dem Heimweg. „Das klingt mir alles zu schön, um wahr zu sein. Da ist irgendwo ein Haken, das hab' ich im Gefühl. Ich hab' auch keine Lust, wie eine Aufseherin die Arbeiter zu kontrollie-

ren und womöglich anzutreiben...! Das liegt uns doch überhaupt nicht und es entspricht auch nicht unserer Lebensphilosophie".
„Lass' uns erst mal runter fahren und anfangen, dann werden wir schon irgendwie weiter sehen!" sagte ich. „Hauptsache wir sind versichert und angemeldet, wir verdienen das Nötigste für den Lebensunterhalt, und in unserer großzügig bemessenen Freizeit können wir endlich machen was wir wollen oder einfach faul sein und nichts tun...! Außerdem werden uns unsere Auftraggeber nicht linken, die sind doch schon dermaßen reich, die müssen niemanden mehr ausnutzen, die haben doch schon alles was sie wollen...!"
„Deine Worte in den Ohren vom ollen Marx!" sagte Andrea und küsste mich. Wir packten und fuhren los, einem völlig neuen Leben entgegen...
„Die Arbeiten kommen nicht voran!" schrie Madame am Telefon, dreimal täglich von Deutschland aus anrufend und kontrollierend. „Sie kommen Ihrer Aufsichtspflicht nicht nach! Treten Sie diesen Franzosen mal kräftig auf die Füße! Das brauchen die! Sonst kapieren die nie, wer denen die Arbeit und das Geld ins Land bringt!"
„Es regnet seit einer Woche in Strömen!" verteidige ich mich und die Bauarbeiter. „Wir stecken mit den Gummistiefeln im Matsch! Die Pflanzen können nicht angeliefert werden die Räder drehen durch, der Speis rinnt uns von der Schippe! Die Arbeiter tun wirklich ihr bestes, aber jetzt

noch mehr die Schraube anzuziehen, das halte ich für verkehrt!"
„Was SIE für richtig oder verkehrt halten, interessiert mich nicht! Maßgebend ist nur, was ICH für richtig halte! Sehen Sie also zu, wie Sie das regeln, aber am Wochenende kommen wir runter geflogen, da will ich alles picobello vorfinden!"

Sie kamen. Wie jedes Wochenende. Von Donnerstag bis Montag. Zu viert. Mit dem Flieger bis Nizza, von dort mit dem Helikopter bis St. Tropez, wo ich sie mit dem Landroover abholte und in die Villa fuhr. Im Sommer und Frühherbst würden sie vier Monate am Stück bleiben. Sieben Handwerkerfirmen waren am rotieren. Die Chefs kratzbuckelten und die Arbeiter holten das Beste und Letzte aus sich heraus. Madame war nie zufrieden. Mauern wurden gebaut, gefielen Madame nicht, die machte Spuk bei ihm und heizte ihn an, die Mauer wurde wieder abgerissen. Mit Blumen, Pflanzen und Bäumen das gleiche Spiel. Ich wurde sauer und nachdenklich. Verschleudertes Geld und Nervenspiel. Ich arbeitete täglich zwölf bis fünfzehn Stunden, bei Andrea waren es ein paar Minuten weniger. Lesen? Schreiben? Malen? Hobbys? In welchen Fremdwörterbüchern kann man diese Ausdrücke finden?
„Das bisschen Unkraut kann man in der Hälfte der Zeit heraus reißen! Wieso brauchen Sie dafür Stunden?" sagte er und blickte von oben auf

mich herab. Das mit Disteln übersäte Garten- und anschließende Waldstück rund um die Villa und den Pool hat 30 ha Fläche. Ich lag vor ihm auf der Gartenerde, wörtlich auf allen Vieren, kroch und robbte über den Boden, hackte wie wild drauf los, immer noch bedacht, ihn zufrieden zu stellen, aber ich hatte auch 40 Grad Fieber von der Nässe des Regens, der Schweiß rann mir über das Gesicht, ich hörte Andrea drinnen mit dem Staubsauger hantieren, blieb ruhig, konnte mich nicht auf den Beinen halten und war froh, bereits auf den Knien zu sein.

„Andrea!" sagte ich abends. „Das geht jetzt seit zehn Monaten so, und so kann es nicht mehr weiter gehen. Die wissen nicht was sie wollen! Je mehr man sich Mühe gibt, je mehr man malocht, desto mehr verlangen die von uns! Es sind Zyniker, und wir sind für die Müll!"

Am nächsten Tag brach ich zusammen. Ab ins Krankenhaus. Das Herz und die Atemwege! Andrea wollte mich besuchen und bekam wegen zu viel Arbeit keine Genehmigung von Madame. Andrea schleuderte den Staubsauger wie ein Lasso laut in die Ecke des Kinderzimmers. „Jetzt ist aber Schluss mit der Sklavenarbeit!" schrie Andrea und Madame blieb zum ersten Mal der Mund offen stehen...

„Sie sind vom Arbeitgeber überhaupt nicht versichert!" sagte man im Krankenhaus. „Und ihre Lebensgefährtin auch nicht!" Das war noch nicht alles. Er hatte für uns keine Steuern und

Sozialabgaben bezahlt, wir waren nicht angemeldet, völlig illegal. Keine Aussicht auf Krankengeld oder später einmal Arbeitslosengeld. Und jetzt den Krankenhausaufenthalt selbst zahlen.

Das musste geklärt und besprochen werden. Aber meine Briefe und Fax-Schreiben nach Deutschland, achtzehn an der Zahl, wurden überhaupt nicht beantwortet. Am Telefon sagte er: „Wenn Sie zur Gewerkschaft gehen oder eine Behörde einschalten, werfe ich Sie auf der Stelle raus!"

„Aber das können Sie doch nicht einfach so machen!" sagte ich. „Es gibt doch gewisse Regel und Gesetze zu beachten, die gelten auch für Sie!"

„So ist eben das Leben!" sagte er. „Hart aber gerecht!" Ein paar Tage später kam die fristlose Kündigung und die Aufforderung, die Wohnung zu verlassen. Wir hingen in der Luft, ohne Netz und ohne doppelten Boden...

Ich will es kurz machen:

Es folgte ein Nervenkrieg und ein Pokerspiel, das mich zunächst ängstigte, dann aber faszinierte. „Der hat genug Geld für alle Rechtsanwälte der Welt!" warnte Andrea. „Der lässt uns prozessieren bis zum Umfallen. Gegen den gewinnen wir nie!" Ich ließ es darauf ankommen. „Wir sind im Land der französischen Revolution!" sagte ich zu Andrea. „Im Land von Rabelais, Balsac und Voltaire. In diesem Land lösen die Arbeiter nicht erst eine Bahnsteigkarte, wenn sie Revolution machen sie Revolution machen und einen Bahnsteig stürmen möchten!" Ging zur kommunistischen Gewerkschaft CGT, holte Rechtsauskunft, bekam kostenlose Prozesshilfe, und vor allem: wir blieben in der Wohnung sitzen wie die Zecken! Ich schrieb ihm: „Wir haben alles für Sie gegeben. Sie haben uns ausgenutzt und betrogen! Wir waren loyal und fair zu Ihnen. Ab jetzt werde ich genau wie Sie mit den gleichen unfairen Mitteln kämpfen. Jetzt werde ich in Deutschland und Frankreich eine Pressekampagne starten: „Deutscher Baulöwe treibt im Ausland Angestellte in den Ruin!" Alle französischen Behörden werden über Ihre Schmierengeschäfte informiert: Schwarzarbeit, Steuerhinterziehung, Nichtabführung von Sozialabgaben, illegal ohne Baugenehmigung gebaut und noch so einiges mehr! Ich versichere Ihnen, sie werden keine ruhige Minute mehr in Ihrer Villa und in Ihrem Gastland Frankreich verleben!"

„Das ist Erpressung!" sagte er.

„Sie Blutsauger wagen es von Erpressung zu reden?!" gab ich zurück. Ich war an dem Punkt angelangt, wo er mich durch nichts mehr beeindrucken konnte. Ich stand mit dem Arsch zur Wand und konnte nur noch gewinnen. Jetzt ging es nicht mehr alleine um Geld. Jetzt ging es um Prinzipien und Lebensregeln. Und es ging um mein Selbstwertgefühl. Das war ich Andrea schuldig, und allen anderen Menschen, die von ähnlichen Halunken ähnlich gelinkt werden. Diesen faschistoiden Neo-Kapitalisten schweinchen darf man keinen Millimeter durchgehen lassen! Notfalls muss man sie mit deren eigenen Waffen schlagen.

Wir spielten Poker. Ich zitterte. Und Andrea mit mir. Aber es gab kein böses Wort, keinen Vorwurf. Er wartete buchstäblich bis zur allerletzten Minute. Sein Friedensangebot kam drei Minuten vor Beginn des Termins. Ich lief die Gerichtstreppe hoch, als sein Anwalt mich übers Handy erreichte: „Aber warum diese ganze Aufregung, mein lieber Herr?" säuselte er. „Das lässt sich doch alles friedlich regeln! Teilen Sie uns Ihre Forderungen mit...!"

Ich stellte unsere Forderungen und ging dabei aufs Ganze: Rückwirkende Anmeldung, Aufenthaltsgenehmigung, rückwirkende Arbeitslosenversicherung, Kranken- und Sozialversicherung, Urlaubsgeld, vermögenswirksame Leistungen, Bezahlung der Überstunden, Umzugsbeihilfe, und –vor allem – Schadenersatz. Schadenersatz aus den sinnigsten und unsinnigsten Gründen. Für Andrea und mich je 50.000.—Mark. „Du spinnst!" sagte Andrea.„Darauf geht der nie ein!"

Er ging darauf ein. Ohne große Diskussionen. Ich weiß nicht, warum. Wahrscheinlich hat er so viel Dreck am Stecken, dass er eine Wühlerei der französischen und deutschen Behörden vermeiden wollte. Das ist Spekulation. Vielleicht ist er auch Spieler (in seinem Beruf sicher nichts Außergewöhnliches), und wollte sehen, wie weit er gehen kann?! Fest steht, dass ich mich in meinem Leben nicht mehr verarschen liess. Und dass ich gegen einen Mann und dessen Frau gewonnen habe, die mit der Ausbeutung anderer Menschen und mit der Spekulation von Grund und Boden zu ihrem Profit kommen, ist ein besonders geiles Erfolgserlebnis.

Wir haben uns ein Chalet gekauft, ein kleines Blockhaus aus Holz, einfach und recht billig, aber urgemütlich. Es steht ein wenig im Landesinnern, nur wenige Kilometer von der Côte d'Azur entfernt, in einem an Wald- und Tieren reichem Naturschutzgebiet. Andrea hat ihre Staffelei auf der Terrasse aufgebaut, und versucht, die Farben der gelben Mimosen auf Leinwand zu bannen. Pluto, unser Hund, hat das Gehopse um die Katzen aufgegeben, jetzt liegt er träge in der Sonne und wartet bis um Fünf, da gibt's Futter. Wenn ich nicht am PC sitze und meine Manuskripte entwerfe, werkele ich öfters im Gärtchen, das wir uns angelegt haben; Lavendel und Teesorten haben wir gepflanzt, und Tomaten, Petersilie und Schnittlauch, das gibt gute Salate. In der Nähe betreibt eine deutsche Aussteigerin, eine ehemalige Juristin, einen Bauernhof; dort holen wir uns Ziegenkäse, frische Eier und hausgemachte Marmelade. Bäume werfen ihre Schatten und verringern die Glut der Sonne. In den Ästen der Pinien und Kastanien, die nicht gefällt und nicht geschnitten werden dürfen, jubilieren Vögel. Heute abend werden wir ins Theater gehen, eine Laienspielgruppe in der Nachbargemeinde. Mit Tourismus haben wir nichts am Hut. Der geht an uns vorbei wie ein vorübergehender Schnupfen. Wir fahren mit den Rädern erst gegen Abend zum Strand, wenn die Touristen längst im Hotel oder auf dem Campingplatz sind, und packen unser Picknick vor dem glutroten Ball der Abendsonne aus. Wir sind arbeitslos gemeldet, aber mit über Fünfzig viel zu alt, um noch eine Stelle zu finden. Und wenn, dann werden wir das manipulieren. Wir bekommen Arbeitslosengeld, später Sozialhilfe. Und von der Summe des „Schadenersatzes", unserer Abfindung, können wir über zwei Jahre lang leben. Andrea hat mit ihren Bildern und Fotos auch schon ein paar Francs verdient, und ich konnte etliche Manuskripte an Verlage verkaufen. Wie sagte meine Mutter, die aus der Kriegsgeneration stammte, auf Hessisch: „Unn wenn's net regnet, dann tröpfelts wenigstens...!" Dann fügte sie meistens hinzu: „Unseraans braucht ja eigentlich net viel zum Lebe; merr kann ja mit so wenisch zufriede sein. Ins Grab kann man eh' nix mitnehme! Die Hauptsache iss, dass man sich versteht, und liebt, und achtet, unn der Rest, - also der Rest, der kommt dann schon von ganz allaa!"

Epilog:
Neulich traf ich den Anwalt meines Ex-Chefs. Mit dem hatte ich den Deal eingefädelt, und ich erzählte ihm, was Andrea und ich mit dem Geld gemacht haben und wie wir jetzt leben.

„Eigentlich könnte man das *asozial* nennen, so wie sie jetzt auf Staatskosten leben...!" sagte er, aber er lächelte dabei. Und ich antwortete: „Hatten *Sie* gerade *asozial* gesagt?" Da machte er „Hmm" und lächelte wieder, und beinahe wäre er mir sympathisch geworden.

*Laßt euch nicht verführen
Zu Fron und Ausgezehr!
Was kann euch Angst noch rühren?
Ihr sterbt mit allen Tieren
Und es kommt nichts nachher.*

Bertold Brecht, Gegen Verführung

*Er hat ein Bett und hat auch Feuer im Kamin,
es reitet hin und her auf seinen Knien
die reizende Marie. Von wegen jener Glut
sind beide unbedeckt; wozu auch nicht?!
Der süße Wein, der Hetzhund, jagt ihr Blut
zum letzten Schwung. Sie tuns bei Licht,
denn in der Finsternis ist manches unbequem.
Nur der, der lebt, lebt angenehm.*

Francois Villon, Ballade vom
angenehmen Leben

> *Ich habe den Tag als zu schön empfunden, als
> daß ich den Übermut hätte besitzen können, ihn
> durch Arbeit zu entweihen.*
> Robert Walser, Geschwister Tanner

Inge Brunner

Karriere fressen Seele

Sonne kommt durchs Fenster, überflutet den Eßzimmertisch, an dem ich sitze, um Dir ein paar Zeilen zu schreiben. Draußen blüht der Flieder, nickt mir zu, ein lauer Wind bewegt die Äste und Blätter, deren Schatten mir über Arme und Hände wischen, und es erstaunt mich, daß dies Fuchteln der Schatten nicht auf meiner Haut kitzelt, nicht juckt... Ich habe die Wiese vorm Haus frisch eingesät, und muß jeden Tag zweimal nachsehen, ob das Gras schon wächst; und gestern dann zeigte sich ein grüner Flaum.... Aber warum schreibe ich Dir das? Vielleicht, weil ich am sprießenden Gras sehe, was ich gearbeitet habe, und in Gedanken schon mit dem Kind auf der Wiese spiele oder faul im Gras liege und den ziehenden Wolken nachsehe.
Es hat mich sehr erstaunt, in Deinem letzten Brief zu lesen, daß Du wieder zweimal wöchentlich zum Heilpraktiker rennst, abends fix und fertig bist... Im vorletzten Brief klang das anders, da warst Du froh, wieder eine verantwortungsvolle Arbeit zu haben. Wie glücklich Du bist, gerade diese Arbeit zu haben, schriebst Du, ein Posten mit guten Aussichten voran zu kom-

men. Und jetzt, kaum 3 Monate später, das alte Klagelied, das ich kenne. Soll ich Dir sagen was ich dachte, als ich den vorletzten Brief las: Du bist glücklich Arbeit zu haben, weil Du unglücklich bist.

Du machst Dir etwas vor, und vielleicht weißt Du es selbst nicht. Du rennst von Arzt zu Arzt, machst Gesprächstherapie, und weil alles nicht hilft gehst Du zum Heilpraktiker, der Dir auch nicht hilft, lebst mit Deinem Mann in getrennten Wohnungen, in getrennten Städten sogar, weil ihr beide Karriere machen wollt, einer dem anderen Vorbild sein will...

Ich habe das alles hinter mir. Du weißt, wie ich lebte, - wer weiß es besser als Du? die fünfzehn Jahre lang fast Haus an Haus mit mir wohnte. Wir waren Freundinnen im Leid, haben zusammen gejoggt, sind täglich tausend Meter geschwommen und haben geglaubt, daß wir so Körper und Geist und Seele in den Griff kriegen. Beraten haben wir uns, welche Möbel wir kaufen, welche Kleider, und da das Geld selten reichte, habe ich am Wochenende in Lokalen Bedienung gemacht, Essen und Getränke aufgetragen, habe teilweise sogar noch einen Nebenjob gemacht, habe früh um 6 Uhr die ersten zwei Tabletten mit Kaffee runtergespült, mittags zwei weitere mit Wasser, und mußte mir dennoch abends oft eine Spritze in die Vene verpassen lassen. Ich habe mich nie "Krank schreiben" lassen, obwohl ich wirklich krank war, habe es nicht getan, weil andere Kolleginnen oder Kollegen meine Arbeit dann hätten mitmachen müssen, weil andere dann nicht in Urlaub durften oder aus einem Urlaub zurückgeholt wurden. Arbeiten bis man umfällt, das war ich gewohnt, so war ich erzogen worden. Arbeit ist die höchste Tugend. Tugend als Ersatz für Freude am Leben. Wir leben im Industriezeitalter, in dem selbst Erholung und Vergnügen noch industriell vermarktet werden.

Mein Gott, was haben wir denn vom Leben!? haben wir doch unisono gestöhnt, und sind abends manchmal in die Disco und haben Sport getrieben bis zur Erschöpfung, weil wir glaubten, so etwas vom Leben zu haben. Das ganze doch im Grunde mit dem Zweck, der Lebensangst beizukommen durch pausenlose Beschäftigung. Na ja, wenigstens schlafen konnten wir so, aber mich hat es nicht vor einem Suizidversuch geschützt.

Ich mache da nicht mehr mit, meine Liebe. Meine Zeit ist mein Leben. Ich habe nur ein Leben, und ich kann es nicht verschieben bis ich in Rente bin. Ich will nicht später leben, ich will jetzt leben.

Früher hatte ich sogar Angst vor Tagen ohne "meine Arbeit", weil ich auch dann Migräne hatte und nichts was mich ablenkte. Ich glaubte, Langeweile zu haben, wenn ich den Tag nach meinem Gusto einteilen könne. Auch ich war der Meinung aufgesessen, Arbeit macht glücklich, Arbeit macht frei. Das ist die größte Lüge, die in der Welt ist. Heute weiß ich, ich war verrückt oder neurotisch, eine kleine Irre, das zu glauben.

Langeweile kenne ich nicht. Ich will Dir sagen, was Adorno dazu sagt: Langeweile ist objektive Verzweiflung. Zugleich aber auch der Ausdruck von Deformation, welche die gesellschaftliche Gesamtverfassung den Menschen widerfahren läßt. Die wichtigste ist wohl die Diffamierung der Phantasie und deren Schrumpfung... Wer sich anpassen will, muß in steigendem Maß auf Phantasie verzichten. Meist kann er sie, verstümmelt von frühkindlicher Erfahrung, gar nicht erst ausbilden. Die gesellschaftlich eingepflanzte und anbefohlene Phantasielosigkeit macht die Menschen in ihrer Freizeit hilflos. Die unverschämte Frage, was denn das Volk mit der vielen Freizeit anfangen solle, die es nun habe - als ob sie ein Almosen wäre und kein Menschenrecht - , beruht darauf.

Ich habe zu tun. Ich tue was notwendig ist und was mir Spaß macht. Natürlich muß ich auch abwaschen und die Wohnung sauber halten, Arbeiten, die mir weniger Spaß machen, aber das mußte ich früher auch tun. Meine Arbeit war früher eine unwichtige Arbeit, auch wenn ich den ganzen Tag ranklotzte, hat man nach Feierabend nichts von meiner Plagerei gesehen. Ich weiß, Dir geht es genau so, denn ich weiß ja was Du machst. Dabei war meine Arbeit nur unwichtig, die Arbeit vieler Menschen ist geradezu schädlich, nicht nur für sie selbst, sondern für die Menschheit.

Du redest vielleicht gescheit daher, wirst Du denken. Ich habe erst, nachdem ich aus der Tretmühle raus war, begriffen, und es hat auch dann noch Monate gedauert bis mir die Lichter aufgingen. Ich habe jetzt Zeit und den Kopf frei, um zu denken.

Ich kann mir natürlich keinen Urlaub in Australien leisten, aber das will ich auch nicht, alleine der 30 Stunden im Flieger wegen nicht. Ich erinnere noch Deine Karte vom anderen Ende der Welt letzten Winter, und wie Du über die Tortur geklagt hast. Die Welt kommt zu mir ins Wohnzimmer, wenn ich will, aber nicht einmal das will ich; ich schaue keine 4 Stunden pro Woche Fernsehen.

Wenn ich das Geschwätz vom globalen Dorf nur höre steigt mir der Kamm. Ich bin froh, wenn ich einigermaßen durchschaue, was in meiner näheren Umwelt vorgeht, und wer in Japan regiert und wie der Börsenindex an den japanischen Börsen steht, das interessiert mich nicht die Bohne.

Wenn meine Tochter die Masern hat, ist das wichtiger für mich, als ein Krieg in Afrika.

Überhaupt gibt es nichts wichtigeres auf der Welt, als meine Tochter, als meine Familie. Du weißt, daß ich nach 2 Jahren Erziehungsurlaub wieder arbeiten war. Wieder ein sinnloses Tun 8 Stunden pro Tag. Jeden Morgen dem noch schlafenden Kind ein Küßchen geben und auf leisen Sohlen ihr Zimmer verlassen. Oft wurde sie wach und klammerte sich an meinen Hals und flehte: Mama bleib da! Beim Arbeiten waren meine Gedanken bei dem Kind... Nach 3 Monaten habe ich den Kram hingeschmissen - und seitdem bin ich glücklich und lebe.

Zweimal pro Woche unterrichte ich unentgeltlich in der Schule ausländische Kinder in deutsch, zweimal im Monat bastel ich Sonnabends mit Kindern in der Kirchengemeinde usw. Du siehst, ich habe zu tun; aber ich will Dich nicht langweilen mit meinem Tagesablauf.

Du hast doch gar nicht nötig zu arbeiten. Du hast ein Haus, vor zwei Jahren ein zweites Haus geerbt von Deinem Vater, Dein Mann hat einen guten Posten, zwar 150 Kilometer entfernt von Dir, er macht Karriere, und Du willst auch Karriere machen. Du planst, hast geplant, ein Kind ist nicht drin, vielleicht in drei oder vier Jahren einmal, wie Du schreibst. Warum sonst habe ich mich geplagt, Informatik studiert. Du lebst jetzt in Deiner virtuellen Welt, ich in meiner realen.

Wenn ich zynisch wäre, Du nicht eine alte Freundin wärst, würde ich Dir einen ganz anderen Brief schreiben oder nicht mehr schreiben.

Glaube nicht, daß ich neidisch bin. Auf was? Ich brauche weder ein Handy, noch einen BMW, auch keinen 1-karäter am Finger. Müßte ich so leben wie Du lebst, dann wäre ich neidisch auf jemand, der so lebt wie ich.

Du bist froh gewesen, Deinen Arbeitsvertrag gekündigt zu haben. Wolltest mal ausruhen, zu Dir selbst kommen; hast Dich jetzt wieder verrückt machen lassen, von Versprechungen und der Hoffnung auf eine Karriere ködern lassen. Ich kann Dir raten, nicht helfen, weil Du gar keine Hilfe brauchst.

In Etappen und an 3 Tagen habe ich diesen Brief geschrieben. Jetzt werde ich die Kleine von der Schule abholen und sie wird mir ohne Punkt und Komma von ihren kleinen Erfolgen und Niederlagen berichten, und die sind so real wie unsere Erfolge, so schmerzlich wie unsere Niederlagen. Machs gut und halte die Ohren steif! Das war doch immer unser Spruch, wenn wir uns verabschiedeten. Schon vor 12 Jahren haben wir uns das mit auf den Weg gegeben.

Heinrich Droege

Lob des Müßiggangs

"Vor lauter Arbeit und Vergnügen kommt man nicht mehr zum Denken", stöhnte Heinrich, dem das Schuften und die Feierlichkeiten endlich aufs Gol gingen. "Man ist dauernd beschäftigt, rackert, organisiert, schunkelt und säuft."
"Führst du wenigstens kein lasterhaftes Leben", sagte Karl. "Weißt ja, Müßiggang ist aller Laster Anfang."
"Wenn Denken Laster ist, gell?!"
"Es ist das gefährlichste Laster, gefährlich für alle Herrschenden."

> *Wen ich 6 Uhr morgens Lust hatte zu vögeln, wollte ich mir Zeit dafür nehmen, ohne auf die Uhr zu gucken. Ich wollte ohne Uhr leben, denn mit der Zeitmessung kam der erste Zwang in das Leben der Menschen. Die gängigen Sätze des täglichen Lebens klingelten mir im Kopf: „ keine Zeit, um... ", „Zur rechten Zeit kommen", „Zeit gewinnen", „seine Zeit verlieren". Ich aber wollte „die Zeit haben zu leben"...*
> Jacques Mesrine; Der Todestrieb

Achim Wagner

Fortuna

in den frühen morgenstunden für eine weile in aller ruhe am strand & im wasser *20 meter von meinem appartement weg* mit nassen haaren schlurfe ich danach barfuss zurück *zum kühlschrank* weissbrot ziegenkäse roher schinken grüne oliven eine halbe kanne kaffee & ein glas rotwein aus der frisch entkorkten navarra-flasche *samstag erster mai 1999* & ein kleiner spontaner + äusserst günstiger aus-flug hat mich ins fischerdorf *cotillo* im nordwesten fuerteventuras gebracht im schatten unter der palme auf der veranda lege ich die beine hoch eine zigarette *((fortuna))* zwischen den lippen beobachte ich wie der wind eine wolkenfront über die vulkaninsel treibt bis der himmel rasch wieder völlig klar ist + dunkelblau leuchtet in den frühen morgenstunden für eine weile in aller ruhe am strand & im wasser *20 meter von meinem appartement weg* mit nassen haaren schlurfe ich danach barfuss zurück *zum kühlschrank* weissbrot ziegenkäse salami schwarze oliven & ein glas rotwein *sonntag zweiter mai* im schatten unter der palme auf der veranda lege ich die beine hoch eine zigarette *((fortuna))* zwischen den lippen

in den frühen morgenstunden für eine weile in aller ruhe am strand & im wasser *20 meter von meinem appartement weg* mit nassen haaren schlurfe ich danach barfuss zurück *zum kühlschrank* weissbrot ziegenkäse gekochter schinken grüne oliven & ein glas wasser *montag dritter mai* im schatten unter der palme auf der veranda lege ich die beine hoch eine zigarette *((fortuna))* zwischen den lippen

11 uhr & in schwarzer baumwollhose + weissem hemd eine blaue sonnenbrille auf der nase schlendere ich zur bushaltestelle & befinde mich eine halbe stunde später 10 kilometer entfernt inseleinwärts in dem ort *la oliva* wo ich das kanarische kunstzentrum *((casa mané))* besuche neugierig spaziere ich durch die kühlen ausstellungsräume & die farbenfroh komponierten surrealen bilder eines *mario antigono* beeindrucken mich hinterlassen spuren in meinem kopf *dienstag vierter mai* gegen abend mit dem bus wieder nach *cotillo* auf der anhöhe links des kleinen

hafens hat sich eine handvoll niederländischer surfer dauerhaft eingerichtet & die piratenflagge auf dem dach ihres hauses flattert im wind

in den frühen morgenstunden für eine weile in aller ruhe am strand & im wasser *20 meter von meinem appartement weg* mit nassen haaren schlurfe ich danach barfuss zurück *zum kühlschrank* weissbrot ziegenkäse salami schwarze oliven & ein glas rotwein *mittwoch fünfter mai* im schatten unter der palme auf der veranda lege ich die beine hoch eine zigarette *((fortuna))* zwischen den lippen

in den frühen morgenstunden für eine weile in aller ruhe am strand & im wasser *20 meter von meinem appartement weg* mit nassen haaren schlurfe ich danach barfuss zurück *zum kühlschrank* weissbrot ziegenkäse roher schinken grüne oliven eine halbe kanne kaffee & ein glas wasser *donnerstag sechster mai* im schatten unter der palme auf der veranda lege ich die beine hoch eine zigarette *((fortuna))* zwischen den lippen & *aus heiterem himmel* fällt mir ((bedauerlicherweise)) ein dass ich vor einer weile dem heinrich zugesagt habe einen text zum thema „faulheit adelt" zu schreiben ich seufze nehme die beine wieder vom tisch richte meinen blick auf den boden & nach einer stunde habe ich im kopf mühevoll den ansatz zu einer polemik skizziert:

prolog:
urbi et orbi & ein bekloppter der mit tintenfässern nach teufeln schmeisst...
kürzlich haben die amsterdamer obdachlosen an ihrem von ein- & ausfallstrassen sichtbaren asyl ein spruchband angebracht *na ihr idioten? wieder schön gearbeitet heute?* hatte ich auf dem weg zu einer lesung in der dortmunder kneipe *subrosa* in einer berliner stadtzeitschrift gelesen ((war glaube ich der/die *tip*)) & bin gedanklich bei einer alten physikalischen schulformel gelandet $w = f \times s$ also *arbeit ist gleich kraft mal weg* ergänzt man das ganze beidseitig um *geistig* ergibt sich eine umfassende definition menschlicher arbeit ((also *geistige arbeit ist gleich geistige kraft mal geistiger weg*)) da der geist nicht schläft arbeitet der mensch 24 stunden am tag bzw. ein leben lang ob er will oder nicht *die niederländischen berber haben ein beeindruckendes ergebnis ihr arbeit zur schau gestellt* & zweifelsohne gibt es schwachsinnige arbeit ((quasi *antiarbeit* deren erfolgreiche durchsetzung auf breiter ebene den menschen tatsächlich am arbeiten hindert)) dass sich ausgerechnet diese schwachsinnige arbeit dank des immer unseligen zusammenspiels klerikaler & weltlicher irrer herrschender sowie der teils erzwungenen teils freiwilligen bereitschaft der beherrschten als basis eines gesellschaftlichen zusammenlebens durchgesetzt hat *sei's drum* hätte der kapitalismus nach dem zusammenbruch der kommunistischen systeme des ostblocks nicht

die einmalige gelegenheit bekommen wirklich
alle (ehemaligen alibi-)nischen ((kulturförde-
rung: gefördert wird was auf dem „markt" bestehen kann)) zu besetzen man könnte darüber
sogar lachen ((erinnert sei hier an das goldene
zeitalter athens bedingt durch erste befreiungs-
ansätze für den geist blütezeit der kultur *vice
versa* etc. aber wer wollte je auch nur irgend
etwas lernen gar kapieren)) ginge es einem nicht
selber an den kragen (siehe: ni-
schen/kapitalismus) mir wäre das alles verdammt egal wer sich unbedingt stunde um stunde von einer blödsinnigen tätigkeit des geistes
berauben lassen will bitte schön wer nach geta-
ner arbeit sich stunde um stunde von einer
flimmerkiste mit bödsinnigen sendungen bot-
schaften & nachrichten weiter in einen gedan-
kenlosen dämmerschlaf wiegen lassen will auch
bitte schön sollen sie weiter lebensversicherun-
gen bausparverträge unfallversicherungen etc.
abschliessen zweit-dritt-viertwägen eigentums-
wohnungen auf raten kaufen & sich sicher fühlen bis die nächste unternehmensfusion ansteht
die nächsten zigtausenden auf die strasse geschickt werden dann fangen sie an zu demonst-
rieren leise larmoyant & lauschen lächerlichen
kundgebungen *urbi et orbi* je grösser das leiden
zu lebzeiten desto grösser die erlösung nach dem
tod desto schöner das himmelreich wer sich das
ausgedacht hat kann nicht mehr dicht gewesen
sein wer das glaubt ist es nicht minder es
braucht immer zwei damit ein system funktio-

niert ((profan)) die unterdrückungsmechanismen sind weder subtil schon gar nicht undurchschaubar im gegenteil & das lässt letztlich fast die komplette menschheitsgeschichte zu einer farce werden (kollege ernst petz: vielen dank für den hinweis - *kafka der golem* etc. - da war tatsächlich schon von anfang an der wurm drin in der geschichte der menschheit aber s.o. das goldene zeitalter athens die erste französische revolution die kubanische revolution *na ja ein paar zaghafte(!) ansätze zur verbesserung gab's schon*) von einem kollegen zum nächsten besser zu dem klappentext des buches *tage ohne hosen* von heinrich droege *ein perverses arbeitsethos wurde im mittelalter formuliert und ist bis heute in unseren köpfen treibt uns an und zerstört die umwelt priester ökonomen moralisten haben die arbeit heilig gesprochen um die menschen zu beherrschen und mehr gewinn aus der arbeit anderer zu ziehen es geht darum nischen zu suchen sich zu entziehen zu verweigern auszehrender schinderei und irrem konsum* besser & treffender kann man sich dazu nicht äussern aber wie gesagt (& zu beobachten) die nischen werden besetzt die verweigerung wird am ende nur noch eine rudimentäre geistige sein verknüpfung: arbeit freizeit *freizeitkultur* ((ein dermassen lächerlicher begriff dass man darauf sofort eine flasche navarra leeren sollte *cheers*)) freizeitparks freizeittouristen pauschaltouristen pauschaltrottel freizeittrottel wir werden wieder weltmeister alle vier jahre *dienstleistungsgesell-*

schaft die nächste flasche ist fällig fick deinen chef (oder deine chefin wir sind ja jetzt gleichberechtigt) *same as it ever was* (*once in a lifetime* talking heads) & dasz es nicht einmal reicht das führerprinzip derartig ins extrem getrieben zu haben & dasz sie den kleinen in den kindergärten immer noch den rauschbärtigen patriarchen mit seinem immer leidenden sohn vor die geistigen augen halten... & gelernt + gelehrt wird der gröbste unfug an den schulen hochschulen ((ausbildung zum fachidioten *zur fachidiotin* & wer will schon wissen dass sich die betriebswirtschaftlehre ursprünglich aus der sozialwissenschaft ableitet)) nur gerecht dass es bald studiengebühren gibt ((die sollten wirklich richtig hoch sein manch einen würde es vor dem schlimmsten bewahren))
weiter: ausgrenzung über eine begrifflichkeit *arbeitsloser arbeitslose* ((in frankreich haben die wenigstens ein luxusrestaurant überfallen & sich die beste gerichte & weine(!) servieren lassen)) hier besteht der grösste wunsch der zu arbeitslosen zwangsdefinierten doch bitte bitte wieder in *lohn & brot* zu kommen natürlich gerne auch bei vermindertem *arbeitsschutz* ((auch so ein begriff *aua*)) unbezahlten überstunden &sw. wiederholung: $w = f \times s$ permanent & eine ausgrenzung ist per se nicht möglich ((so man den verstand benutzt aber das muss man ja nicht & in 30 jahren gibt's rente da fängt dann das leben an wo es praktisch zu ende geht)) immerhin ist „das system" mittlerweile in der lage 5 millionen „ar-

beitslose" ohne grössere probleme verwalten zu können ((meint ohne strassenschlachten etc.)) vermutlich würden oder wird es das mit 10 oder 15 millionen auch noch schaffen ((fernseher fussball kasten bier dafür reicht die „sozial"hilfe „arbeitslosen"hilfe allemal)) dass die deppen im osten nicht nur eine grosse idee jämmerlich zu grabe getragen haben sondern dem gleichen behämmerten(!) arbeitsethos frönten wie die deppen im westen sei nur am rande erwähnt ((& wir waren mal wieder mit ganz herausragenden kapazitäten gesegnet adenauer ulbricht kohl honecker *wie viel wein kann man trinken ohne ins koma zu fallen*)) *arbeit macht frei* ((& wozu hat man eigentlich augen)) & immer gibt es die die meinen sie haben nur ihre pflicht ihre *arbeit* ((*bezahlte* arbeit!)) getan & immer gibt es die die das auch noch glauben sich vor sich selbst entschuldigen sich verzeihen schuld sind letztlich immer die anderen was hat auch ein zug*führer* mit den zusammengepferchten zwangsarbeitern todeskanditaten zu tun die er befördert (befördern *muss*) *urbi et orbi* ((vatikan: siehe auch die geschichte südamerikas in diesem jahrhundert klerikale + grossgrundbesitzer in so einhelliger allianz zur sicherung der weltlichen pfründe sollen die anderen schuften dabei auch gerne krepieren danach in diesem ominösen himmelreich geht es ihnen ja gut (wenn sie christen besser katholiken sind ansonsten sind's ja heiden die haben zu lebenzeiten nichts besseres verdient & dann geht's ins fegefeuer obwohl die jesuiten

kürzlich festgestellt haben dass es keinen teufel
gibt somit fällt auch die hölle flach wohin sollen
jetzt eigentlich die heiden *hicks*))) & die arbeit
die <u>die</u> immer gemeint haben & meinen macht
tatsächlich frei frei von verstand & geist & gesundheit & führt immer in die völlige abhängig-
keit des einzelnen von einem dem profit unter-
worfen system

((pathetischer)) epilog: natürlich ist nur der freie
geist in der lage ungestört zu arbeiten ((sich also
gänzlich zu entfalten)) seinem körper die nötigen handwerklichen tätigkeiten zu delegieren in
einem gemeinschaftlichen zusammen*spiel* ergibt
das eine jeglicher ideologie fernstehende *freie*
gesellschaft ohne hierarchien aber dass es jemals
viele freie geister geben wird steht mehr als zu
bezweifeln ((eine schöne utopie ist's trotzdem))

in den frühen morgenstunden für eine weile in
aller ruhe am strand & im wasser *20 meter von
meinem appartement weg* mit nassen haaren
schlurfe ich danach barfuss zurück *zum kühlschrank* weissbrot ziegenkäse roher schinken
milde pepperoni gekochter schinken & zwei
gläser orangensaft *freitag siebter mai* im schatten unter der palme auf der veranda lege ich die
beine hoch eine zigarette *((fortuna))* zwischen
den lippen

in den frühen morgenstunden für eine weile am
strand & im wasser *20 meter von meinem appartement weg* mit nassen haaren schlurfe ich da-

nach barfuss zurück *zum kühlschrank* weissbrot
ziegenkäse grüne oliven eine halbe kanne kaffee
& ein glas rotwein *samstag achter mai* im schatten unter der palme auf meiner veranda lege ich die beine hoch eine zigarette *((fortuna))* zwischen den lippen
in den frühen morgenstunden...

Diogenes ruhte nach dem Bade in einem Wassergraben auf einem Felsen in der Sonne, als der große Alexander zu ihm trat und ihn fragte:"Armseliger Mensch, was kann ich für dich tun?" Diogenes antwortete:"Ich bitte dich, geh mir aus der Sonne."

Arbeit ist Knechtschaft. Wirklich frei bin ich nur faul.
Denn müßig kann auch der Gefangene sein.
Faulheit hat Würde. Müßiggang Langeweile.

Waren Adam und Eva faul oder müßig? Sie waren zu faul, um müßig sein zu können. Das war es ja, was Gott so erboste: Daß der Apfelbiß ohne anstrengende Vorbereitung und in absoluter Trägheit erfolgte.
Mit der Vertreibung aus dem Paradies hat Gott sich zum Arbeitgeber erniedrigt.

Wolfdietrich Schnurre, Der Schattenfotograf

3. Lob der Faulheit

J. Haydn

1. Faul-heit, end-lich muß ich dir auch ein klei-nes Lob-lied brin-gen! O, wie
2. Höch-stes Gut, wer dich nur hat, des-sen un-ge-stör-tes Le-ben.... Ach,... ich

Jochen Kunzmann

Faulheit? Pfui Spinne!

Gotthold Ephraim Lessing und, so kongenial wie inkonsequent, Joseph Haydn hatten das Absurde ihres Vorhabens natürlich erkannt:

Faulheit, jetzo will ich dir
auch ein kleines Loblied bringen. –
O . . wie . . sau . . er wird es mir,
dich . . nach Würden . . zu besingen!
Doch, ich will mein bestes tun,
nach der Arbeit ist gut ruhn.

Höchstes Gut! wer dich nur hat,
dessen ungestörtes Leben – –
Ach! . . ich . . gähn' . . ich . . werde matt . .
Nun . . so . . magst du . . mir's vergeben,
daß ich dich nicht singen kann;
du verhinderst mich ja dran.

– doch weder gelang dem einen mit der melodischen Dürre des Liedchens und seiner spärlichen Begleitung auf dem Fortepiano noch dem anderen durch die ausdrückliche Benennung in der Schlußzeile, die inhärente Kontradiktion, ja nachgerade Paradoxie jeglicher Ausführung des intendierten Ansinnens zu mildern. Da solcher Widersprüchlichkeit durch andere als lobende Behandlung des ausgewiesenen Themas zu entkommen dem aufrechten Menschen von selbst sich verbietet – befände er sich damit doch inmitten voraufklärerischer Beschwörung ominöser Bürgerpflichten ganz im Sinne von Fritz dem Alten und Altbundespräsident Roman Herzog und in gefährlicher Nähe von »Arbeit macht frei«-Parolen und -Zynismen –, will ich, mich nicht selbst nun weiter in den Fallstricken nämlicher Disparatismen zu verfangen, auch da der Erwartung einer fundierten Äußerung zum Gegenstand des vorliegenden Büchleins und zumal mit der Erwähnung eines Königs und eines Herzogs (Huck Finn auch zum Gruß, diesem grandiosen Faulpelz) sogar seiner prädikativen Komponente schon mehr als Genüge getan ist, nun also, gebührend gemach, die Feder aus der Hand legen resp. den Rechner runterfahren, um mich, gleichzeitig dem Leser Gelegenheit und Muße zu gleichem Tun zu verschaffen, den wesentlichen und relevanten Dingen des Lebens, dem Lesen etwa oder dem Schlafen, zu widmen und hinzugeben: mehr ist denn auch gar nicht zu sagen.

Womit aber natürlich keine Anthologie vollzukriegen ist. Außerdem kommt erst die Exhibition und Prostitution, dann die Moral und Ethik, und wenn der Verlag ruft, schnürt der Autor fleißgeil ein klein feins Päckchen mit seinen

Überzeugungen und gengegebenen Veranlagungen, übergibt es für geraume Zeit zu treuen Händen bzw. Pfoten der seit Stunden auf dem Kachelofen ruhenden Hauskatze (oder liegt die schon seit Tagen dort?) und beginnt sein paradoxes, kontradiktorisches, disparates und, bestenfalls, disjunktives Werk. –
Als Begleiterin und Zofe der Torheit läßt Erasmus die Faulheit auftreten, zusammen mit – nein, auf den Empfang dieser Gesellschaft will sich erst gebührend vorbereitet sein: erhebt Euch, Leser, vom Sessel! und schafft eine adäquate Mindestausrüstung heran (deren individuelle Ausgestaltung ich getrost jedem selbst überlasse; Wir erwarten sie mit Weizenbier, halfzwarem Tabak, Cannabis indica, wankenden Büchertürmen und Erdnüssen – sonst wolle und könne mer se doch net reilasse!). Setzt Euch wieder hin jetzt und paßt auf: –
Ladies and Gentlemen, grüßet mit Uns: Her Majesty, Queen Moria, die Torheit herself (deren Namen sowohl dem Wort *morus* (albern, närrisch) wie auch der *Moral* so ähnlich ist, wie Morbus theomanus Thomas Morus unähnlich ist oder wie auch immer; verzeiht solches Spiel, aber ich nahm an, daß es, ganz im Geiste unserer gemeinsamen Gesinnung entstanden, Euer Gefallen finden werde, da Euch Scherze dieser Art, die nicht ganz geistlos und – wenn ich mich nicht täusche – auch nicht gänzlich mißlungen in ihrer gelehrten Anspielung sind, besonders erfreuen und Ihr wie Demokrit das ganze Leben

der Sterblichen verlacht. *Exit Erasmus*). Weiter seien gegrüßt die neun herzallerliebsten Damen ihres illustren Hofstaats: Methe die Trunkenheit, Apaedia die Frechheit, Philautia die Eigenliebe (ihrem Desiderio bläst sie dennoch einen Handkuß hinterher), Kolakia die Schmeichelei, Lethe die Vergeßlichkeit, Misoponia die Faulheit, Hedone die Lust, Anoia die Gedankenlosigkeit und Tryphe die Genußsucht; last not least die beiden hinterdrein schlurfenden Männer: Komos der Schlemmer und Hypnos der Langschläfer.

Es wird zwar etwas eng in der Stube, aber nach einigem Hin und Her, Heranschaffen von Notstühlen und Zusammenrücken findet jeder sein Plätzchen; Komos ist nach einem Blick in den Kühlschrank beruhigt, auch Methe hört auf zu maulen (»was, bloß Weißbier?«), als ich ihr eine Flasche Bärwurz hinstelle, übriggeblieben vom letzten christfestlichen Getränkeringelreihen (sie bleibt aber nach einem kleinen Probeschluck dann doch beim Weizen: »Ich bin doch nicht krank!«).

Moria erhebt sich und gebietet Silizium. (»Sizilium heißt das!« kräht Apaedia, arg provinziell, dazwischen.) »Ich danke den Schleswig-Holsteinern und Schleswig-Holsteinerinnen, die uns . . .« – Raunen und »Falscher Zettel!« machen sie stutzen. »Anoia, du Schussel, eine Woche Straflager bei Zuverlässigkeit, Pünklichkeit und Fleiß! Und kein Gemeckere, sonst kommt noch eine Woche Roman Herzog dazu! Woher hast du diese Ansprache überhaupt?« – »Sie ist

A. Radcke aus dem Mund gefallen; da hab ich sie aufgehoben.« – »Wie nerven mich doch«, nervt Philautia, »solche sexistischen Diskriminierungen! Da werden doch SchleswigerInnen als Menschen zweiter Klasse abgestempelt!« – »Also gut:« stellt Apaedia sie zufrieden, »Schleswiger und Schleswigerinnen und Holsteiner und Holsteinerinnen; natürlich müßten dann auch die Mecklenburger und Mecklenburgerinnen von Vorpommerern und Vorpommererinnen gesondert werden, sowie Sachsen und Sächsinnen von Anhalt...« – »Halt stop!« Hypnos, ausgeschlafen wie keiner, gebietet Anhalt. »Abgesehen von durchaus auch zu erörternden Fragen, wie etwa nach der korrekten Reihenfolge, oder ob der ›Burgerin‹ nicht ein ›Burgfraulin von Meckeln‹ vorzuziehen wäre, ist die unhaltbare Subsumierung der Sächsinnen und Sachsen aus Sachsen-Anhalt unter die allgemein sächsischen Sächsinnen und Sachsen doch von politisch eklatanter Unkorrektness und könnte in dieser geradezu faschistoiden Egalisierung nur mißbilligt und keinesfalls hingenommen werden. Ich plädiere für die hinkünftige Sprachregelung: sachsen-anhaltinische Sachsen und sexisch-anhaltinische Sexinnen und Anhalterinnen und Anhalter. Hugh!« – »Wass's los?« Ich schenke Methe noch ein Weizen ein und sie ist wieder still. »Alles Kaiserinnenschmarrn!«, meint Komos, »wenigstens solang von Emanzibatzjohn überhaupts ka Red ned sein kann. I kumm jeden Tag an an Straßenschild ›Spurrin-

nen‹ vorbei. Wo bitte, meine Damen, san denn die ›Spurren‹?« – Misoponia hat die ganze Zeit nur ungläubig den Kopf geschüttelt. »Was geht da vor? Jeder ist zu faul, von Wörtern wie ›Solidaritätszuschlag‹ (wenn auch, mag sein, in dem Fall zurecht) oder ›Millionen‹ mehr als drei, vier Buchstaben über die Lips zu bringen, hält aber klaglos mit dem aufgeblasenen Dünnpfiff solcher Wortmüllerinnen die Mundwerkinnen am Klappern und klappert und klebt damit das bißchen Hirn so lange zu, bis daß es unter ›Hörern‹, ›Wählern‹ oder ›Schleswig-Holsteinern‹ Männlein wie Weiblein sich vorzustellen gar nicht mehr in der Lage ist. Schade wärs allerdings um die SPD-Version: ›Genoss'n'n ungenoss'n‹.«
Moria ist über diesem Geplänkel zusehends hippelig geworden. »Also, Kinder, so geht das nicht. Wir sind ja doch nicht zum Spaß hier. Anoia, hast du endlich den richtigen Zettel gefunden? – Na also, warum denn nicht gleich. Kolakia, lies du vor. Ich bin ja schon ganz erschöpft.«
»Liebe Festgäste, . . .« – »Und Festinnengästinnen!« – »Apaedia, reiß dich jetzt zusammen!« – ». . . wir haben uns versammelt, ein Loblied zu singen unserer geliebten Misoponia. Du höchstes Gut! Wer dich nur hat! Stets uneigennützig im Dienste nicht allein Morias, vielmehr aller Menschen tätig, sollst du gelobt und gepriesen sein heute an deinem Ehren- und Geburtstage, dem 5. März, zu dem . . .« – »He, Moment mal!« Schon wieder Apaedia mit ihrem losen

Mundwerk. »Ich denke, wir reden hier von der Faul-*HEIT*? Und nicht vom Faul-*HABER*?« – Zornesrot keift Moria: »Wer hat das reingeschrieben?!« Kurzzeitige Skrupel zu petzen verlieren sich schnell, es überwiegt die Angst vor Roman Herzog. Alle deuten auf mich. »Tja, äh – also, ein Spiel, ganz im Geiste unserer gemeinsamen . . .«

»Prost Sapropel!« rettet mich grölend Methe, worauf Hypnos anhebt zu deklamieren: »Du, die du . . .« – »Dubidubidu« schnalzt Apaedia – »Du, bididu einst euxinischem Schlamm entstiegen durch kertschsche Straßen den Tiefen des Pontus entgegentriebst . . .« – »Ai, Ai, Ai, daß dir da mal keine Algen im Pelz wachsen!« stichelt Hedone, und Komos: »Oder Gase gar entweichen!« – »Wißt ihr überhaupt,« fragt Methe, – »Nö, erzähl!« – ». . . daß wir eigentlich Namensbasen sind? Hieß Miss O'Pony doch Methane mal!« – »Nu hört doch auf, de dulle Griet kuckt ja schon janz böse in ihrer Perlèche.« – »Wer wo?« – »Na, de Muhme von de dicke Berta in ihrem Herrjottswinkel.«

Solches Allotria und das alberne Gekichere läßt den Anfangsverdacht emporkeimen, es spönnen schlicht alle, klärt sich aber schnell auf: instinktsicher hat Tryphe gleich zu Beginn das Filmdöschen gefunden und längst kreist der Joint. Aber *so* eine Tüte! (Verf. zeigt: etwa 20 Zentimeter.) Und endlich kommt der fügend Verbindende auch zu mir, den pneumatischen Tritonus zu zelebrieren: hhhhhhhhhh – fffffffffffffffffff!

Damit ist der Abend natürlich gelaufen; der Lobgesang wird vertagt. –
Unter dichter werdenden blaugrauen Rauchwolken, Lachen und Scherzen nimmt das alles seinen dem Leser sicherlich sattsam bekannten Lauf, bis sich – ach, ich gähn, ich werde matt – die Gesellschaft grüppchenweise verabschiedet und auf die Zimmer verzieht.
Hätte ich nun die Wahl: ich wüßte nicht, mit wem ich das Nachtlager am liebsten teilte (außer mit Moria; Königinnen mag ich eigentlich nicht. A. Noia hat zu große Ähnlichkeit mit A. Schwarzer, Kolaki A. mit Merkel A., und A. Lethe haben wir in stillem Einvernehmen sowieso gleich geknebelt und an den Baum gefesselt – aber sonst? Selbst einer Herrenrunde wäre ich nicht abgeneigt: ein schöner Skat hat ja auch was.) Da mir jedoch eine freie Entscheidung, insofern selbst geknebelt und gefesselt, auf Verlagsgeheiß gar nicht zusteht, nehme ich, durchaus nicht ungern, andererseits doch ständig davon irritiert, über sie zu arbeiten, getragen aber wieder von der Hoffnung auf ein späteres ganz privates Stelldichein (wie gut ist ruhn doch, wer wüßte es nicht, nach der Arbeit!), Misoponia bei der Hand und trage ihr das Beilager an. Erfreut willigt sie ein: »Ei freilich, edler Herre min!«
Der anfangs recht schleppende und unspektakuläre Verlauf des geschlechtlichen Tuns ändert sich schnell, als Hedone fürsorglich bei uns vorbeigeschaut hat: Da erwacht das Moschusthier mit den zwei Rücken, Röhren ist nun und

Schnauben, Wiehern auch, bell-brüllends Blöken; wackelts und zappelts da rappelts und hoppelts, wimfummel-fimmelt ein rummelndes Rammeln, Einsicht verschaffend nun endlich darein, warum denn nur »Orgel« ausg'rechnet inmitten »Orgasmus« und »Orgie« sich tummelt – Faulheit zu ficken ist fair nur und fein, und feurig wie Feffer sie. Von wegen Algen im Pelz: Schmetterlinge sitzen darin! (Moos ist allerdings drunter zu finden (bzw. mehrere; wie heißt das nur gleich? (Wahrig weiß es auch nicht, selbst Grimm grummelt nur: Moschusthier, Moselbär – nein, dazwischen haben wir nix (in dreiunddreißig dicken Bänden keinen Platz finden für ein Wort, das zum zumindest passiven Wortschatz jedes Menschen deutscher Zunge gehört und das einem vielhundertmal in der Literatur begegnet und vieltausendmal durchs Hirn gerauscht ist, aber den Moselbär kennen! (und so schön hätt's reingepaßt: vom Moschusthier in Stimmung gebracht, vom Moselbär danach geknuddelt (Moselbär, du lieber Moselbär (möcht ihn jetzt gar nimmer missen mehr (Mosel. – Bär. – – –

– – – Nicht lange liegen wir in Schlafes Armen, taktvoll hat Hypnos unser Lager gemieden. Frisch Verliebte, er weiß es, brauchen Niemand. Ein Weniges wird noch geherzt und geschäkert, dann gehen wir, frühjahrs- und vormärzmüde zwar, Sonne und weite Welt zu umarmen. ›Für die Jahreszeit zu mild‹ soll uns dabei nur recht sein: der Krokus sprießt und zierlich ziert

Schneeglöckchen sich weiß Röckchen – »Schau mal, da winkt wer!« 's ist Philautia, die da geht, allein natürlich; mein Miso-Möschen klein doch darf zu zwein (der Stock steht mir aber besser). »Wer rief mich?« wispert unterm Laub Waldmeisterins feins Stimmchen. »Sollt Möschen ich auch heißen nur: warte nur, balde, in Stucker acht Wochen, werd grimm'ger Möserich ich sein! Aber dann gibt's Bowle!« (Und schnuckelte er auch noch so süßlich vor sich hin: Gott – welchem auch immer – sei Dank fürs Szenario. Ein richtiges Sauwetter mit Schneesturm und Arscheskälte hätt er uns ja zudenken und bescheiden können; dann räumten wir jetzt, zween träge Turteltauben, in verräucherter Luft übervolle Aschenbecher und klebrige Gläser vom Tisch, kochten kannenweise Kaffee dann und – ach, mich schaudert.) Der röhrende Hirsch ist jetzt natürlich des Guten zuviel, er mag noch so hingebungsvoll »Mosch« rufen (aber wenn der schon da ist: lungert im Gehölz gar ein Moselbär?).

»Sag mal,« sag ich, die Idylle zu zerreden, »woher hast du eigentlich deinen schlechten Ruf? Und deinen häßlichen deutschen Namen, an dem ein stinkend Ruch von Fäulnis, Verfall und Verderben klebt? Als wären die albernen Witzchen deiner Freunde gestern abend nicht genug, wird's bei der Herleitung nur noch schlimmer: *faul* < ahd. *ful*, engl. *foul;* zu germ. *fu* < idg. *pu*, und das meint, ›urspr.‹, die lautmalende Nachahmung des Ausspeiens: ›pfui!‹. Wo du doch mein süßes Moselurselchen bist.«

»Den haben mir böse Menschen angehängt, ich hieß nicht immer so. In alten Zeiten, bei den Griechen, war ich hoch geehrt: *schole* nannte man mich, die *misopone*, also arbeitshassende Muße, die – wie sagt man – Selbstverwirklichung, der eigentliche Lebenszweck halt; *ascholia*, als Negativum von mir nur abgeleitet, war lediglich notwendiges Übel: verachtet waren Fleiß und Arbeit.«

»*Arbeit* < ahd. *arabeit(i)* ›Mühsal, Not‹; zu idg. *orbho-* ›verwaist‹. *Fleiß* < ahd. *vliz*, urspr. ›Streit, Kampf, Ärgernis‹. Da würgt's mich jetzt, da spei ich aus: Pfui! Pfui! Und Aberpfui!«

»Ja, ein bißchen was haben die alten hohen Deutschen in ihren dunklen Wäldern schon erkennen können; ob's die niederen neuen aber noch wissen mögen? Viel mehr jedoch hat Aristoteles in lichten Olivenhainen geschaut: selbst die Zeit der Erholung von *vliz* und *arabeiti*, die *anapausis*, rechnete er nicht mir, sondern *ascholia* zu. ›Wir sind unmüßig, um müßig zu sein‹ (oder, geläufiger: ›Wir arbeiten, um zu leben‹) wußte und forderte er mehrfach nicht etwa in müßig-abseitigen Betrachtungen, sondern in ›Politischen Schriften‹!«

»Die heutige politische Wirklichkeit wird in völlig überdrehtem Rhythmus und aberwitzigem Tempo ganz anders und vice versa besungen; aus wirtschaftswunderlichen Kindertagen kenn ich ein ›Volks‹-Lied: ›Mach ma Brotzeit! Brotzeit is de schensde Zeit, weil uns dann de Arbeitszeit wieda bessa gfreit!‹ (oder, prägnanter: ›Freß ma'ra weng wos, daß ma gscheid arwan kennand hernach!‹). Was ist da nur schiefgelaufen?«

»Die Römer kamen. Und – es hat sich ja offenbar rumgesprochen inzwischen, jedes Kind weiß es –: die spannen, die Römer. Überreichlich beschenkt waren sie mit dem Wissen der Griechen; anstatt es aber jetzt, wie man erwarten sollte und wie es seit Jahrtausenden Brauch war unter den Völkern und Kulturen, zu pflegen und mehren, benutzten sie es nur, um . . .«

»Nu mal langsam. Einmal ist Wissen ja nicht nur Selbstzweck . . .« – »Leider. Schade eigentlich.« – »Und dann hatten die ja auch ihren Horaz und Ovid und – und den schönen großen Staat und die Aquädukte und . . .« – »Und die Autobahnen, jaja. Wieviele Theaterstücke, Romane, Erzählungen, Opern, Operetten, Filme mit griechischem Vorwurf kennst du? Und wieviele mit römischem? Siehst du. Alles hatten sie sich zusammengeklaut – die Literatur, die Philosophie, die Musik, die Mathematik, die Naturwissenschaft –, nur um es zu benutzen, verwelken zu lassen und lahmzulegen für weit über tausend Jahre. Nichts, aber auch gar nichts kam von ihnen. Aber man muß sich nicht wundern: immer Länder erobern, Staat verwalten, Bäder bauen und Mosaiken kleben, da bleibt keine Zeit zum Nachdenken. Es ist ja auch nichts von ihnen geblieben.« – »Doch aber wohl: die heutige

Welt, wenigstens die ›Erste‹ und die ›Neue‹!« –
»Ich meinte was Brauchbares.«
Da fällt mir jetzt grad nix ein zu irndwie. »Und die haben dich dann kleingekriegt?«
»Aber klitze! Da sie ja sogar zu phantasielos waren, eine eigene Religion zu erfinden, mußten sie sich auch die klauen, zuerst, wo sonst, bei den Griechen (und solang gings ja noch gut – hatte man sichs mit dem einem Gott verscherzt, weil man ungezogen, betrunken, lustig, selbstverliebt, verschlafen oder faul war, konnte man blind darauf vertrauen, bei einem andern sich Liebkind gemacht zu haben), dann aber, und damit holten sie zu ihrem größten und folgenreichsten Gedankenraubzug aus, bei den neuerdings christentümelnden Juden. Und daß sich ein derart geistesferner Bürokraten- und Militaristenstaat so hingerissen über diese Ungeistesverwandtschaft hermachte, kann nicht verwundern: das sind brave Untertanen, die nichts als ora vorn und labora hinten im Kopf haben, dazwischen – ein Volk, ein Führer – ihrem Monotheos ein strammes ›Halleluja‹ zujubeln und bei unbotmäßigem Verhalten keinen Halt mehr finden können bei Göttern ›neben IHm‹, sondern sich die ach allzugroße Schuld selbst aus der Brust rausprügeln müssen: ›mea culpa, mea culpa, mea maxima culpa‹. Da wars dann vorbei mit meinem alten Glanz.«
»Aber damit begann doch deine zweite, mindestens genauso glanzvolle Karriere für die nächs-

ten – du hast es erwähnt – weit über tausend Jahre? In weiten Kreisen bis heute?«
»Was meinstn da jetz? Kapier ich nich. Mußt mir erklären.«
»Also, der Mensch innert seines Soseins setzt sich doch zusammen aus a Körper und b Geist (manch einer will noch ein c Drittes ausgemacht haben: ›Seele‹ nennt er's; dazu fallen mir aber immer nur die hübschen blassen Luftballons mit Nasen ein, die nicht etwa baumelnd, sondern selbstverständlich wasserstoffgefüllt nach Höherm strebend von buschschem Teufel im Felbelhut gefangen werden (was müssen die geknallt haben in der Hölle!). Sollte Mancheiner dennoch auf der Realität ihrer Existenz insistieren, müßte ich ihn wieder heimschicken: wegen faulheitsunfähigkeitsbedingter Irrelevanz seines metaphysischen Epiphänomens, das damit ja per se schon den logos ›Existenz der Seele‹ als Oxymoron oder contradictio in adjecto meinetwegen zu entlarven imstande – «
»Kuck mal, ein Moselbär!« – »Was? Wo?« – »Ich wollt nur wissen, ob du noch da bist. Du warst bei Körper und Geist.«
»Ääh, ja: – die, seien sie noch so verquickt und aufeinander angewiesen, immerhin zu eigenem Tun fähig und damit auch je eigene Faulheiten zu entwickeln in der Lage sind. Der ›gesunde Geist‹ (mens sana, da sedula) im ›gesunden Körper‹ (corpore sano, da industrio)? Ein netter Gedanke, ein hübscher Spruch, ein übler Unfug. Der übliche sane mens(ch) ruiniert systematisch

seinen corporem (ungezählt sind die schweren Trinker unter den fleißigen Geistern; auch – modeabhängig – Tabak, Gras, Koks, Opium oder Nescafé en masse rude wurde und wird immer wieder gern ›strategisch‹ benutzt und verwendet), während der durchschnittliche Sahnecorpus in etwelchen Sportreportagen für sich selbst spricht (›Ja gut ääh. Also ich habe mich ja gut vorbereitet auf das Spiel. Und dann habe ich mein Bestes gegeben ja auch und gekämpft dann. Und ääh: drum denke ich nicht.‹) Andererseits bestätigte die Übersetzung ›Menschenverstand‹ für ›mens‹ (worauf zwanglos ein ›volksgesund‹ für ›sanus‹ sich anböte) genau das, was – «

»Kuck m...«

» – was ich die ganze Zeit zu sagen versuche: je mehr der *schole*-Schüler in der römisch-allumfassend-katholischen Unkultur als ›faule Sau‹ verunglimpft zu werden sich gefallen lassen mußte, je mehr da allerorts georat und gelaborat nun wurde, desto zünftigere Urständ feierte doch die Denk- und Geistesfaulheit!?«

»Ach was. Die soll ich jetzt also auch noch gewesen sein. Beleidige mich nicht! Ich bin immer noch die Muße alter aristotelischer Schule! Du meinst meine debile Stiefschwester.«

»Pardon, aber ich konnte ja nicht ahnen...? Erzähl!«

»Viel weiß ich nicht von ihr, ich hab sie ewig nicht gesehen. Schön soll sie gewesen sein, und fleißig, heißt es. Je nun, schön blöd auf alle Fälle. Die hätte doch *jeden* haben können! Prinzen, Frösche, Kardinäle: was hätten die sich alle die Finger geleckt nach so einem braven Dummerl! Statt dessen spinnt sie sich die Finger blutig. Aber rohe Dummheit allein kann ihr Verhalten nicht erklären, da steckt mehr dahinter: ich glaube, sie ist über der ganzen fleißigen Garnspinnerei einfach zu faul und vor allem zu feige geworden, auch nur den einfachsten eigenen Gedanken zu spinnen, etwa, ob es tatsächlich anzuraten ist, in einen Brunnen zu springen, wenn da wer ›spring!‹ sagt. (Klar ging ich dann auch rein: ich wollte doch wissen, was da vor sich geht. Ein billiger Gauklertrick, sonst nichts. Aber wie grölte und schenkelklopfte das Volk, als ein besonders witziger Scherz- und Saufbold einen Kübel Pech über mir ausgegossen hatte!). Ein interessanter Fall für die Psychiatrie wäre sie gewesen mitsamt diesem Volk: ich meine, wer ernsthaft Gespräche mit Broten und Äpfeln führt bzw. solches Tun honoriert, mit dem stimmt doch was nicht, der ist doch reif für die Talkshow. Mâria hieß sie übrigens, und wenn sie nicht gestorben ist, – «

»Die goldene Jungfrau, die Gute! Nein, die lebt noch heut. Ihre absolute Macht hat sie im Laufe des fast – erschrick jetzt nicht vor solcher Ballung von Schrecken und Plagen: – tausendjährigen Heiligen Römischen Reiches Deutscher Nation zwar verloren, alle Versuche, ihr endgültig den Garaus zu machen, sind aber kläglich gescheitert. Unversehrt entging sie allen Attentaten und Anschlägen, etwa von der Aufklärung, diesem lichten ›age of enlightment‹ bzw. ›siècle des lumières‹, die dem dullen Gretchen Müller den ›Ausgang aus seiner selbstverschuldeten Unmündigkeit‹, also seinem elenden Denktachinierertum leuchten wollte, oder von der Wissenschaft, die dem brav orierenden Laboranten zu erklären versuchte, daß die Welt um ihn rum ein bißchen spannender zusammengesetzt sein könnte, als Kirchenväter, -söhne und heillosunheilige Ungeister es ihm kleinhirnkompatibel weiszumachen versuchten und zu mehr auch gar nicht fähig – «

»Bist du dir da sicher mit deiner Wissenschaft? Fiktionierst du nicht eine ideale Science? Diese verquasten Alchimisten (Genschnitzer, Starwarwaffenschmiede und Hersteller von weicher, harter und Tupper-Ware heißen sie, glaub ich, heute) sind doch seit jeher nur auf der Suche nach dem ›Stein der Weisen‹, um damit ihr geistiges Blei in schnödes Blattgold zu verwandeln. Die sollten sich mal Rat holen bei meiner verkommenen Stiefschwester: Bäumerütteln, Brotrausziehen und Bettausschütteln tuts genauso.«

»Erstens: versuchen diese Alchimisten immerhin, ihr Gold selber zu machen, anstatt sich, verwerflicher noch, von Ibis-Dachsen damit zuscheißen zu lassen, wie dein holdes Schwesterchen in ihrer Zocker- und Lotteriementalität (aber natürlich: die hatte das Tor doch längst bemerkt; und soweit reichte ihre Bauernschläue, daß zur Auslösung des Ausschüttungsmechanismus' ein Termingeschäft in Äpfeln, Broten und Schnee abzuschließen als rentabel sich erweisen könnte, billigend dabei das Risiko in Kauf nehmend, vielleicht Pech haben zu können ...«

»Didualiu! Boom-Baisse-Hausse-Passe! Düdlio!« – »Schau, ein Pirol! Wie golden er doch glänzt!«

»Quatsch, im März! Ein verirrter Girlitz vielleicht. – Zweitens rede ich nicht von der Alchimie oder ihrer heutigen buckligen Verwandtschaft (die, da hast du schon recht, prächtig gedeiht), sondern von ihren rechten Tochter, der Naturwissenschaft. Die sucht zwar auch den Stein der Weisen (TOE, theory of everything, nennen ihn ganz bescheiden die Physiker), findet aber nichts Geringeres als nachprüfbare, weil falsifikable Welterkenntnis, um eben nicht mehr auf – zugegeben oft reizende – Geschichten von alltragenden Schildkröten, Elefanten, Yggdrasilen oder, weniger reizvoll, dreieinigen Vatersohngeistern angewiesen zu sein. Oder von so obskuren Wesen faseln zu müssen wie einem ersten Menschen Adam und einem zweiten Leben Eva, nur um sich dann jahrhundertelang den Kopf darüber zu zerbrechen, ob die beiden nu einen Nabel hatten oder nicht und als einziges Ergebnis solcher Nabel-statt-Naturbeschau einen Sprung in der Schüssel – «

»Aua!« – »Was ist denn passiert?« – »In deinen Brombeeren bin ich hängengeblieben! Geht schon wieder.« – »Komm, Bussi: mm-pf! Ich freu mich ja bloß, daß du nichts mit dieser Denkfaulfeigheit zu tun hast.« – »Busy Beauty Mary, die taube Nuß, lebt also noch, sagst du?« »Mach dir mal um die keine Gedanken: der geht's blendend, die wird dich überleben. Sie steht hoch im Kurs jetzt bei Arbeitern und anderen Leistungsgesellschaftsangehörigen, die sich die Finger und Köpfe wundarbeiten, nur damit von dem Mehrwertgold, das an ihnen klebt (und mit dem sie, ihre Familien, ihre Kinder und Kindeskinder bis ins dritte und vierte Glied dir zu frönen in der Lage wären), wieder andere Leistungsgesellschaftsangehörige feindlich übernommen und in den Brunnen geschickt werden können, wodurch sie selbst ›betriebsbedingt‹ dann überflüssig werden und, anstatt nun heftig zu widersprechen und die Peanutfresser, Goldhamster und Neoalchimisten mit ihren schwarzen Seelen zum Teufel zu jagen (der sie auch nicht nähme: ›Blasse benaste‹ verlangt er, ›mit Schnüren‹), die Überflüssigen also, anstatt Rambazamba mächtig nun zu machen, ein Weniges auf die Straße gehen, auf ihren Trillerpfeifchen ein putziges Protestliedchen zu intonieren, kurz darauf auf ebendieser, am Ende dann nur noch zuhause sitzen und sich am Betrinken sind. Erdnüsse essend. Mit dem Fernseh am Laufen. Aus dem sie erfahren, daß das alles ganz wunderbar ist und sie nach dem Konsum von einigen Pilsbieren wie richtige Könige mit Maria-Kronen sich fühlen dürfen, wofür die Brosamen auch ausreichen, die als Arbeitslosenstütze von ihrer Herren Tisch fallen und womit sie auch hinkünftig ihren Daseinszweck erfüllen können, nämlich weiter die verbliebenen Leistungsgesellschaftsangehörigen mit Mehrwertgold zu bekleben und das schreckliche Fabeltier Ibis-Dachs zu füttern, mit dessen goldener Scheiße dann weitere Leistungsgesellschaftsangehörige feindlich zugeschissen werden, die dann, überflüssig geworden, ...«

»Du willst mich verarschen!? Das kann doch nicht gehen!?«

»Doch, das läuft wie geschmiert. Ein perfektes perpetuum mobile; zumindest solange man sich geflissentlich weigert, den verborgenen Antrieb, die Um- und sog. „dritte" Welt, zur Kenntnis zu nehmen oder auch zu einfältig, hinter seinen Mechanismus zu kommen. Aber mach was: wenn der Fernseh läuft, Leib und Seele von Schnaps und Bier zusammengehalten werden (der Geist bleibt dabei wohlweislich außen vor), wird nach mehr kaum gefragt. ›Der Komfort als Weltanschauung! Möglichst wenig Bewegung, keine Erschütterung. Die den Komfort so lieben, werden nie dort suchen, wo nicht bestimmt etwas zu finden ist‹ (A. Schönberg, Harmonielehre, 1911). So ist ja auch die letzte politische Utopie, der Sozialismus, zugrunde gegangen, auf der Suche nach dem Komfort: nach der Marlboro, von der ein roter Rennwagen so schön zu erzählen weiß (selbst bekanntlich schöner als die Nike von Samothrake oder ein roter Morgen und vor allem viel schneller), nach dem Golf GTI, mit dem am verkaufsoffenen Samstag schnell ins Einkaufszentrum gerauscht werden kann, die Vorräte an Pils und Weinbrand zu ergänzen, nach den schönen bunten Bildern im Fernseh, wo rote Rennwägen, überglückliche Biertrinker und Zuschauersgleichen in Talkshows zu bestaunen sind: dahin geht des Menschen Sehnen und Streben, denn WIr schufen das alles nach UNserm Bilde.«

»Du, hör mal: wollen wir nicht lieber umkehren? Es wird immer kälter jetzt.«

Recht eigentlich arschkalt; unterm Reden merkt man das gar nicht. Ganz schnell noch: »Die Bergleute haben es immer geahnt: feig ist faul und faul ist feig, alles nur morsches Gestein.« Und schon schneit scheußlicher Schnieselregen (Mary Gold's revenge): jetzt aber im Laufschritt. –

– Unsere Rechnung ist aufgegangen: längst ist aufgeräumt und gelüftet worden; der Kaffee dampft, eine Kanne Darjeeling steht auf dem Tisch (Fine Tippy Golden Flowery Orange Peckoe, First Flush, Plantage »Lingia«; auf Komos ist halt Verlaß); Schrotbrot, Mohn- und Sesamsemmeln, Butter (»gute«); Brie, Livarot und Pont l'Évêque, Gorgonzola, Feta in Olivenöl; 3½-Minuten-Eier (Philautia besteht auf Spiegeleiern: kriegt sie!); Frühlingsblütenhonig und Marmeladen (eine davon mit Möschengeschmack). Es läßt sich leben in griechischer Runde. »Überschlag dich mal nicht!« Apaedia, der freche Wildfang, mampfend (aber sowas von sexy!). »Ohne Sklaven wären wir auch nicht weit gekommen.« – »O Unkind, wage weder, das Frühstück mir zu verderben, noch ein schlechtes Gewissen wegen eures Umgangs mit den human rights anzuhängen: jedes Volk hat da sein eigen Päckchen zu tragen. Aber ihr habt wenigstens nachgedacht. Unsere Sklaven: Waschmaschine, Spülmaschine, Zentralheizung, Frischhaltefolie, Tiefkühltruhe und Mikrowellenherd, Wasserklosett und Kanalisation, Badeschaum und Duschdas (ich kann nichts dafür: die heißen so. Ich weiß schon, daß eure Sklaven . . .« – »Und Sklavinnen!« – ». . . ebensoviel schöner waren wie ihre Namen): wir halten uns unsere just for fun. Probier doch mal den Chaumes! – Ach, macht mal einer das Radio an? Sind gleich Nachrichten.«

». . . bib, bib, bib, biiiep. Es ist zwölf vorbei. Sie hören die Zeitzeichen. Berlin. Angela Merkel forderte die Wiedereinführung von Kopfnüßen, pardon: -noten in der Schule. Für ein erfolgreiches Bestehen in der heutigen Leistungsgesellschaft seien Eigenschaften wie Fleiß, Ordentlichkeit und Betragen notwendige Voraussetzungen . . .« Im wütend-belustigten Gejohle – Misoponia, Methe und Apaedia kreischen förmlich – gehen jetzt einige Preziosen verloren; »Bscht, die hat noch was!« – ». . . sprach sie sich dafür aus, das ›C‹ ihrer Partei wieder mehr in den Vordergrund . . .«

Da ist denn des Grölens und Jubelns, des Röhrens und Wieherns, des Brüllens und Schnau-

bens gar kein Ende mehr, orgastisch-schön orgelnd fast schweben durch Raum und Zeit nun solche Sentenzen, ladend zum Bade in immer neuen Heiterkeitswellen, zu patschen auf ihre Schaumkronen –
Enter three Witches. (Philautia, Kolakia und Tryphe haben sich Misoponia zu Ehren was ausgedacht. »Gestern wars schon zu spät!«) Schauerlich verkleidet setzen sie sich rings um den Teekessel:
»When shall we twelve meet again, in thunder, storm and...«
»Um Götterinnernswillen, bindet mal wer Lethe los!«, was hektisches Hurlyburly hervorruft; unbeeindruckt davon fahren die drei fort:
»Fair is foul and foul is fair: – «
(»schön ist häßlich, häßlich schön« versuchten es Schlegel und Tieck, was zwar hübsch häßlich ist, mir aber doch einen Schlag und Tick näher am Original scheint als die Variante Wielands: »«. Was wohl weiland er dabei gedacht sich haben mag? Vielleicht das: »Fährlich faul ist Fleißes Fährnis? Falsche Fährte freilich das. Was tun und nun? Schön schlimm. Verfinge mit all der Mühe und Arbeit über solch faulem Zauber am Ende in Paradoxien und Kontradiktionen mich nur. Laß ich's lieber bleiben gleich und schreib dafür eine ausführlich-faire Fußnote, daß das Hexenmäßige nur Shakespear halt bringen hat können. So will ich's machen.«)

»Hover through the fog and filthy air.« *Exeunt.*
Plop, da sind sie alle weg.

Womit ich end- und eigentlich, so getrost wie gemach, die Feder aus der Hand legen resp. dem Rechnersklaven, der mir bei Doppelpunkt-Klammerzu mit frechem Smilie-Gesicht entgegenzugrinsen sich erdreistet, die Fresse einschlagen könnte jetzt, mir mein wohlbehütetes Päckchen bei Pulcinella der Katze (ogodogodogod! Die Hexen werden doch nicht etwa ? Nein, sie liegt wie immer auf dem Ofen und denkt nach) wieder abzuholen und mich, meinesgleichen zu bestaunen, vor den Fernseh zu fläzen, tabak- und bierbewehrt (nicht aber etwa mit königlichem Pils, vielmehr und viel schöner mit Vilshofener Weizenbier; das nämlich: »wurde schon 1589 bis nach Serbien, ja sogar nach Rom verschickt«!); wäre da nicht noch was.

Bzw. wer. Dr. Dana Horáková nämlich. Von der ich unbedingt noch erzählen muß. Nicht allein, weil's schade wäre, diese barocke Perle der Journalistik (barock = „schiefrund"!) vor den Säuen liegenzulassen, eher, da »Plop« ein doch allzu billiger Schlußfurz wäre und schier nach verwehendem Coda-Ausklang verlangt, das Thema nochmals zu umfangen, ins Wesentlich-

Besondere zu ziehen, neu zu kontrapunktieren, abermalig und -witzig zu hinterfragen auch, raffiniert zu umsegeln gar oder im Gegenteil auf den Punkt erst zu bringen, vor allem aber, die Motive »Zitat« und »Paradoxie« aus dem Präludium aufgreifend, schließlich zu runden.
Das alles kann Dr. Dana Horáková. Mit ihrem Bericht zur Lage der deutschen Literatur, erschienen am 3. Juni 1993 auf Seite 3 ganz oben in der BILD-Zeitung, mit der 29,5 x 1,5 cm^2 einnehmenden Titelzeile: »Deutsche Dichter – oh, wie faul sind sie geworden«, was zu belegen wie folgt sie beliebt:

(...) Wo bleiben die Deutschen? Peter Owen, Londoner Verleger: „Die Deutschen? Langweiliges Zeug." (...) Reinhold Neven-Dumont, Kiepenheuer & Witsch: „Man hat die ewige deutsche Selbstbesessenheit satt . . ." (...) Wieso? 1974 war Franz Innenhofer (49, „Schöne Tage") Shooting-Star. Dann 11 Jahre keine Zeile. (...) – dem Autor fiel nichts ein. (...) Günter Grass (65) schreibt über Deutschlands Vereinigung in **Sonetten** – einer unlesbaren Versform (...). Hans Magnus Enzensberger (64) schreibt geistreiche Kommentare – viel zu lang. (...) Patrick Süskind (44) – nichts. Ist er zu reich? (Hat mit „Parfüm" mindestens 12 Mio. verdient.) Jürg Laederach (47) legt „Passion. Ein Geständnis" vor (Passion = „Leiden"!). Peter Handke leidet auch, weiß nicht, woran. (...) Die Ostdeutschen? Christa Wolf (64) liegt in Kalifornien in der Sonne. (...) Karin Struck (46) schrieb „Männertreu", Brigitte Schwaiger (44) „Der Mann fürs Leben", Eva Heller (44)

„Der Mann, der's wert ist". O Mann. Warum schreiben sie überhaupt noch? (...) Horst Stern (71, „Klint"): *„Ich ent- wirkliche mir die Welt, lebenswert ist nur ein Leben aus Dichtung. Die Wahrheit ist langweilig."* Und die Dichter lebensfremd, phantasielos – und faul.

12 Mio. Mann o.

"Aber ist es denn ihre Schuld, wenn sie glauben, daß Arbeit etwas Gutes ist?"
"Nein", sagte Colin. "Es ist nicht ihre Schuld. Man hat ihnen nämlich gesagt: Arbeit ist heilig, gut und schön, Arbeit ist wichtiger als alles andere..."
"Aber dann sind sie doch dumm?" sagte Chloe.
"Ja", sagte Colin. "Sie sind dumm. Deshalb glauben sie auch den Leuten, die ihnen weismachen, daß Arbeit das Beste auf der Welt ist. Sie brauchen dann nicht darüber nachzudenken, wie sie die Arbeit abschaffen können."

Boris Vian, Der Schaum der Tage

Peter Philipp Kleinfercher

EinWegeswandel

Eigentlich sah er sich ja stets als unverbesserlicher Weltverbesserer, und auch ein Leben als polyglotter Globetrotter kam ihm gelegentlich in den Sinn. So dachte er, bis vor wenigen Tagen. Die schönsten Dinge ereignen sich ja bekanntlich an den unmöglichsten Orten; und bei ihm war es der Abort. An diesem Tag hatte er nicht nur Probleme mit der Verdauung. Es war keine leichte Geburt. Zu schwere Kost. Ursache und Wirkung. *Plopp - heureka!* Er hatte geerbt. Das war das eine.
Das andere war, und das war ja das Schwere, das Schwerwiegende, dass er Neuland vor sich sah, vollkommen Neues, etwas, wobei sich seine Gedanken nur noch im Kreis drehten, um dieses Neuland, dass er im Kopf ja schon betreten hatte. Er sah betreten aus. Das Klopapier war dreilagig. Es hatte ein Muster aus Blümchen. Ein Erbe hatte er anzutreten, ein schweres Erbe. Eines brauchte er bloss zu übernehmen, doch das andere, das musste er selbst gestalten. Dafür musste er die Verantwortung übernehmen. Seine Tante war von hohen adeligen Gnaden gewesen, eine Würdenträgerin, die ihm von allem Anfang an all das zugedacht hatte, worum sich die Verwandtschaft gerankt hatte, wie schiefwüchsige Rosen. Bei ihm, da spürte sie, dass es mehr auf sich hatte. Also gab sie ihm das alles. Die Ver-

wandten wandten sich von ihm ab, als sie erfuhren, dass sie leer ausgingen, und es war ihnen keineswegs eine Lehre, denn vielmehr erfüllte sich ihre Leere mit Hass und Missgunst auf den Günstling. *Wieso er? Wieso?*
Sowie er also all das sein eigen nennen konnte, diese Villa mit allem drum und dran, da wollte er keinesfalls ins Drunter und Drüber geraten, in diesen Strudel von Schuld und Neid. Auf keinen Fall. Die Fragen seiner nunmehr Unverwandten ließ er unbeantwortet ruhen, denn in ihnen war keine Seelenverwandtschaft mehr zu finden. Nein, sein Erbe war fortan nicht die Verteidigung und Rechtfertigung dessen, was ihm widerfahren ist, sondern ein darauf aufbauendes Erbe, ein Erbe, das ihn selbst als Menschen betraf. Denn ein orientalischer Geist hatte sich in ihm zum Leben angestellt, in der Warteschleife des Bewusstseins. Er war da, von nun an. Asiatische Weisheiten hatten in ihm schon immer ein Flämmchen zum Lodern gebracht. Er glaubte an Reinkarnation, die Wiedergeburt. Und er glaubte, dass es besser sei, den Lebensstil nicht aus seinem bisherigen, sondern aus seinem vorigen Leben abzuleiten. An jenem Tag entschloss er sich, seiner Natur nach zu leben. Also unternahm er einen Streifzug durch seine Natur, und erkannte, dass er eine Wandlung zu vollziehen hatte. Ihn nährte die Ahnung, Kraft aus sich selbst schöpfen zu können, und dies war im wahrsten Sinne des Wortes unbezahlbar. Es kostete nichts, und bereicherte ungemein. Den Ort

wollte er dafür allerdings niemals wechseln. Sein Ort der Veränderung war ja im Inneren verborgen, und dazu brauchte er nicht an die Quelle allen Ursprungs reisen. Er hatte nichts verloren, was nicht im gewohnten Umfelde zu finden war. Was hatte er inmitten von Teppich-Suks und Wüstenwinden zu suchen? Das war ihm doch ein wenig zu fundamental. Dennoch wollte er sich nicht unbedingt in lautstarke Räume begeben, um dort den Mangel an Ruhe zu beklagen. Daher wurde die Villa ihrem Zwecke der Repräsentation nach Außen enthoben, um die ganze Strahlkraft nach Innen zu lenken. Die Adelsgeschlechter-Ahnenreihen wurden sodann mit feinen Seidenstoffen überdeckt, von der Decke bis zum Boden reichten die sich brüstenden und bauchenden Stoffe, und manchmal, so schien es, dürfte der Groll der verdeckten Ahnen ihren eigenen Antlizten Leben einhauchen, um die edlen Gehänge wegblasen zu versuchen. Ein Handwerker meinte zumindest gesehen zu haben, wie beim Verhängen der Gemälde die grimmige Frau-von-und-zu im dritten Bild von links mehrmals heftig die Nase rümpfte. Er habe einen Schrecken bekommen, der Handwerker, denn er glaube ja an Geister und sowas, und beinahe wäre er von der Leiter gestürzt. So erschrocken war er. So schreckhaft war ihre Geste. Seine Kollegen schmunzelten. Er glaubt halt an sowas. Seitdem macht er ein Kreuzzeichen, jeden Morgen vor Arbeitsbeginn.

Er, der Erbe, war zufrieden. Dort, wo sich adelige Frauen im Gespräch mit dem Gegenüber ihre Finger kühl-verspielt über die Perlenkette gleiten liessen, dort schuf er sich seine eigene Atmosphäre, seine eigene Welt, seinen Lebensraum. Der innere Wandel folgte mit Bedacht, und jeder Tag, ja, jeder Tag war die wundervolle Anknüpfung einer neuen Perle der Erkenntnis an den anfangs seidenen Faden, der sich langsam zum Seil flocht, das in dicken Strängen sein Bewusstsein durchzog. Er lebte die Weisheiten, die er las, er übte sich in Geduld und Ausdauer, und er lebte nach seinem Naturell, mit allen Facetten seiner Bestimmung. Er war glücklich, und indem er sein Glück erkannt hatte, konnte es ihm keiner nehmen.

Er fragte den Butler: „ Willst du dich mit mir wandeln ?"
Und seither serviert der Butler exotische Teesorten und ist für das Anzünden der Raucherstäbchen zuständig. Tausend und eine Nacht.
Auch die Köchin häutete sich, erst aus Angst um ihre Stelle, wie sie einmal bemerkte, als sich das Personal zum alltäglichen Meditationsritus vereinte. Nach zwei Wochen hatte sie sich jedoch bereits ein asiatisches Schriftzeichen auf den Oberarm tätowieren lassen, von dem keiner so recht wusste, was es denn bedeutete. Die einen meinen, sie habe es sich aus tiefster Überzeugung anfertigen lassen, ein Teil wiederum meinte, dass es sich um eine eigenartige Geste des

Protests handle, eine Art doppelten Frusterlebens. Allein der Gärtner verlor seine Stelle. Man hörte allerdings, dass er mit dieser Geschichte gleich beim ersten Vorstellungsgespräch zu einer neuen Anstellung zu überzeugen vermochte, und erneut, ohne persönliche Schrammen nach jahrzehntelangen Treuebekundungen erlitten zu haben, auf einen Rasenmäher gesetzt wurde.

Er, der Erbe, er sass oftmals im Garten und meditierte.
„Er spinnt", postulierten die Nachbarn, plakativ wie so manche Zeitung. Sie meinten, im Recht zu sein, denn sie hatten ja V*iel zu sagen, zu alledem.*
„Der faule Adel hockt schon wieder im ungemähten Gras herum", flüsterten sie, dass er es gerade noch hören konnte. Wie sollten sie ihn denn verstehen ? Er musste sich nicht rechtfertigen, wozu denn? Was würde sich denn ändern ? Wem gegenüber war er denn verpflichtet, außer seinem ehrlichen, tiefen Streben, was sollte ihn mehr erschüttern ? Als er die Nachbarn so reden hörte, da lächelte er wie Buddha, so unsagbar friedvoll, denn er allein wusste, und das genügte, dass *diese* Faulheit erst wirklich adelt. Gelegentlich kamen ihm wunderschöne Worte in den Sinn, und ein Gedicht, ja, dieses eine, war seine Lebensphiliosophie:

So klar wie Wasser, das du siebst durch deines Herzen Welt,

so sei, dass dir dies Fliessen erstmals das erhellt,
was Menschen täglich suchen, finden,
sich zu jenem überwinden,
das anfangs wie ein Opfer scheint,
doch eigentlich nur das verneint,
das ohnehin die Sinne trübt,
und dich betäubt, drum sei gerügt !

So schick´ dich hin zum grossen Einen,
nimm an, das was die Götter meinen,
dir flüstern mit dem zarten Ton -
so wag´ es schon !

Ich sehe doch, du strebst hinfort,
verlassen musst du diesen Ort,
wo niemals du dies Grosse findest,
was in der Seele du empfindest.

Wohin ? fragt mich die Stimme bebend,
soll ich mich wenden, ewig strebend ?

So sei beruhigt, du kannst verweilen,
musst nirgendwo dich hinbeeilen,
IN DEINEM GEISTE LIEGT DIE KRAFT,
DIE WUNDERVOLLES DIR ERSCHAFFT !

Dies ist die Welt, die ich dir meine,
das blaue Meer, das grosse Eine !
Dort findest du, wonach du rufst,
weil selbst du diese Welt erschufst !

Sie arbeiten alle, weil sie Geld haben wollen. Und wenn sie Geld haben, benutzen sie es nicht dazu, sich Glück zu verschaffen, was ja nichts kosten würde, sondern sie lassen sich von anderen, die Geld gewinnen wollen, einreden, sie müßten, um glücklich zu sein, alle möglichen Dinge kaufen, Dinge, die ganz unnütz sind und da gemacht werden, wo der Rauch aufsteigt.

Lukanga Mukara, Die Forschungsreise des Afrikaners Lukanga Mukara ins Innerste Deutschlands 1912/13

Heinrich Droege

homo konsumentis

Hörspiel
Erstsendung im hr am 18.05.1999

Stimmen: Herr König
Beamter

Ein Büro.	Es klopft an der Tür.
Beamter:	Ja, herein! Sie wünschen?
König:	Ich habe eine Vorladung bekommen. Ich soll hier vorbeikommen: Zimmer 123. Ist doch richtig?
Bea.:	Ahja. Zeigen Sie mal her! - Herr König, mmh-ja. Bitte nehmen Sie Platz.
König:	Ich will mich nicht setzen; habe gar keine Zeit. Ich sollte ja nur vorbeikommen.
Bea.:	Nehmen Sie das nicht so wörtlich. Ich bitte Sie, jetzt wo Sie schon hier sind. Es dauert ja nicht lange.
König:	Hoffentlich.
Bea.:	Sie hätten sich den Weg hierher auch sparen können; - aber nach der dritten Mahnung mußten wir Sie herbitten. Sie reagieren ja nicht, Herr König. Die Mahnungen haben ja nichts genutzt.
König:	Welche Mahnungen?

Bea.:	Die Mahnungen betreffs Ihres Verhaltens. Die erste haben Sie schon vor drei Jahren bekommen.
König:	So-? Ich kann mich nicht erinnern.
Bea.:	Sagen Sie nur, Sie wissen das nicht?
König:	Ehrlich gesagt, nein. Vielleicht habe ich irgendwelche Schreiben bekommen - bekommt man ja ständig - ich schmeiße die Meisten in den Papierkorb.
Bea.:	In den Papierkorb? Amtliche Schreiben in den Papierkorb?
König:	Das kann man doch nicht gleich sehen, was amtlich... Was einem da so ins Haus geflattert kommt an Reklame, ungebetenen Zeitungen...
Bea.:	Das war aber keine Reklame, was wir Ihnen zugeschickt haben. Das waren behördliche Schreiben, Mahnungen, Herr König. Eine sehr ernste Sache.
König:	Mmh - Und deshalb haben Sie mich herbestellt, um mir zu sagen, ich solle Ihre Schreiben gefälligst beachten. Na gut, Sie haben es getan. Aufwiedersehen; einen schönen Tag wünsche ich.
Bea.:	Halt-halt-halt! Nicht so eilig, Herr König. Wir sind noch nicht fertig. Jetzt wo Sie mal hier sind.

König:	Aber machen Sie schnell, sagen Sie, was Sie zu sagen haben, ich habe keine Zeit.
Bea.:	Wieso keine Zeit? Wir haben unsere Bürozeiten so gelegt, daß die Leute Zeit haben, wir niemanden vom Arbeitsplatz fernhalten. Sie, Herr König, arbeiten bis 16 Uhr, jetzt ist es 18 Uhr. Wieso haben Sie also keine Zeit?
König:	Was geht Sie das an!? Ich will spazieren gehen.
Bea.:	Spazieren gehen -?
König:	Ja, stellen Sie sich vor, einfach so spazieren gehen.
Bea.:	Und wo - wenn ich fragen darf.
König:	In der Natur, im Wald, am Fluß entlang
Bea.:	Dachte ich mir. Spazieren gehen in der Natur. Im Einkaufszentrum hat man Sie ja schon lange nicht gesehen, auch kaum sonstwo in einem Laden, nicht mal in der Apotheke.
König:	Ja, ich war nicht krank im letzten Jahr, und überhaupt, Einkäufe erledigt meine Frau.
Bea.:	Ja; Lebensmittel, Milch, Eier, Brot, Obst...
König:	Und Käse. Käse essen wir eigentlich lieber als Wurst.

Bea.: Wurst oder nicht Wurst. Aber was kaufen Sie denn außer Nahrungsmitteln?

König: Hören Sie mal - wie komme ich überhaupt dazu, Ihnen Auskunft zu geben.

Bea.: Dazu sind Sie verpflichtet, Herr König

König: Bin ich das?

Bea.: Allerdings. Sie sind überhaupt sehr wenig kooperativ, um nicht zu sagen: Sie sind überhaupt nicht kooperativ. Sie sind verstockt, das beweist schon, daß Sie auf Mahnungen nicht reagieren. Wir geben uns Mühe, sind höflich, versuchen es im Guten, kommen Ihnen entgegen- : und Sie? Sie reagieren einfach nicht.

König: Was soll ich denn tun?

Bea.: Und das fragen Sie noch! Hätten Sie die Mahnungen gelesen, dann wüßten Sie es. Hier -! Hier habe ich die letzte Aufforderung, die an Sie gegangen ist. Hier, bitte: -Schlagen wir Ihnen vor, sich baldmöglichst ein neues Auto zu kaufen... Das ist jetzt ein Jahr her. Und haben Sie ein neues Auto?

König: Nein. Warum? Mein Auto ist noch gut, fährt noch.

Bea.: Ist es auch noch verkehrssicher? Ist es technisch auf dem neuesten Stand?

König: Ich denke schon. Ich bin damit zufrieden. Und eine TÜV-Plakette hat es auch. Die Sitze sind ein wenig durchgesessen, vor allem der Fahrersitz...

Bea.: Na sehen Sie: die Sitze. Das führt zu Bandscheibenschäden, ist sehr unangenehm für Sie und belastet die Krankenkasse, belastet die Solidargemeinschaft der Versicherten. Sie haben Ihr Auto jetzt vier Jahre. Denken Sie nicht, das reicht.

König: Aber es ist wirklich noch gut, tip-top.

Bea.: Eben sagten Sie, die Sitze seien durchgesessen. Möchte nicht wissen, was sonst noch alles defekt ist. Sie müssen ein neues kaufen, dazu sind Sie verpflichtet.

König: Gibts da ein Gesetz?

Bea.: Gesetz, nein. Aber eine Übereinkunft. Sehen Sie, Herr König, ich habe hier eine Aufstellung über Ihr Konsumverhalten. Das ist eine Katastrophe. Ihr Kühlschrank ist zehn Jahre alt, Ihre Waschmaschine fünf Jahre. Sie haben weder ein Handy noch einen PC. Sie schreiben alles mit so billigen Reklamekugelschreibern, ab und zu mal was auf einer uralten Schreibmaschine. Ihr Jakett ist völlig aus der Mode, einen Schlips tragen Sie auch nicht...

König:	Ich habe gar keinen. Wissen Sie, ich vertrage das nicht, wenn es am Hals so eng ist; ich fühle mich stranguliert, garrottiert...
Bea.:	Gut, gut, Sie müssen ja keinen Schlips tragen. Und es geht auch nicht nur um Sie. Auch Ihre Frau und Ihr Sohn sind - ich möchte nicht unhöflich sein und mich vorsichtig ausdrücken - sind nicht gerade von heute...
König:	Was soll das denn heißen, und woher wissen Sie überhaupt-?
Bea.:	Wir sind nicht blind und nicht taub, Herr König. Unsere Konsumberater haben Sie im Auge. Zugegeben, Sie machen es uns schwer. Andere machen Telebanking, bestellen im Internet, sind vernünftig und willig, Sie hingegen...
König:	Sie spionieren mich und meine Familie aus?
Bea.:	Dazu sind wir gezwungen. Sie zwingen uns dazu.
König:	Ich? Wieso ich?
Bea.:	Weil Sie verstockt sind, nicht kooperativ sind, nicht mal auf unsere Schreiben reagieren - ich sagte es schon. Sie zahlen kaum Verbrauchssteuern. Sie verbrauchen nichts. Auf einem uralten Plattenspieler dudeln Sie die Platten von Annodazumal.

König:	Ich bitte Sie: Beethoven und Schubert...
Bea.:	Und die Beatles - ich weiß.
König:	Das gerät ist noch keine acht Jahre alt.
Bea.:	Uralt, sage ich doch. Es hört sich an, als spielten die Orchester unter Wasser. Als gäbe es nicht längst andere Möglichkeiten, modernere...
König:	Und die paarhundert Platten, die ich habe, soll ich die wegwerfen?
Bea.:	Warum nicht. Wenn Sie einmal Schubert von einer CD hören...
König:	Während ich mir die Zähne mit einer elektronischen, fernsteuerbaren Zahnbürste schruppe...
Bea.:	Machen Sie sich nicht lustig über uns. Ich warne Sie, Herr König. So wie Sie, kann man nicht leben, nicht hier und nicht heute. Schon viermal haben Sie sich geweigert, Ihre Wohnung verkabeln zu lassen, können gerade mal ARD und ZDF sehen...
König:	Und das Dritte Programm auch. Reicht mir völlig. Ich höre sowieso lieber Radio oder lese.
Bea.:	Ja, wissen wir, Leihbibliothek. Aber es geht nicht nur um Sie, Herr König. Es geht auch um Ihre Familie. Denken Sie doch mal an Ihre Familie.
König:	Das tue ich, tue ich wirklich. Aber gerade deshalb...

Bea.:	Ihre Familie leidet. Ihre arme Frau. Weiß die überhaupt, was Frauen heute tragen? Und Ihr Sohn, der wird in der Schule gehänselt, weil er mit unmöglichen Turnschuhen rumläuft, wie in den achtziger Jahren. Plateausohlen sind heute Mode, Herr König.
König:	Ist mir wurscht, was heute Mode ist.
Bea.:	Und deshalb mußten wir Sie herbitten. Wie Sie sich verhalten, das ist unmöglich. Sie ruinieren unsere Wirtschaft, unseren Staat, verbauen Ihren Kindern die Zukunft.
König:	Ich? Ich kleines Würstchen.
Bea.:	Viele Würstchen ergeben ein ganzes Schwein.
König:	Wohl eher umgekehrt.
Bea.:	Wie auch immer. Denken Sie mal nach, und machen Sie es uns nicht so schwer. Verweigern Sie sich nicht. Kaufen Sie, kaufen Sie...
König:	Tue ich doch, muß ich ja. Gerade vorigen Monat habe ich ein Hemd gekauft und zwei Paar Socken.
Bea.:	Sieh mal an: zwei Paar Socken und ein Hemd. Und das in einem Jahr. Mir kommen die Tränen.
König:	Das Jahr ist ja noch nicht rum.
Bea.:	Gott sei Dank, sonst müßten Sie - hier steht`s - 6.428 Mark Konsumverweigerungssteuer zahlen.
König:	Wieviel?

Bea.:	6.428 Mark. Aber Sie haben ja noch Zeit mal kräftig zuzulangen.
König:	Ja, aber ich brauche doch nichts.
Bea.:	Ich-ich-ich. Ein krasser Egoist sind Sie. Immer nur ich. Mein Gott, wir wollen Ihnen doch Ihre Individualität nicht nehmen, bewahre, im Gegenteil, Sie dürfen, Sie sollen sich Ihre ganz persönliche Konsumindividualität schaffen. Was denken Sie denn, für wen ständig neue Muster geschaffen werden, neue Farben gemischt werden, neues Design? Auch für Sie, Herr König.
König:	Aber wenn ich Ihnen doch sage: ich habe alles, ich brauche nichts.
Bea.:	Wenn ich sowas schon höre, fällt mir mein Vater ein. Der hatte auch kein Wäschebewußtsein. Dem war es ganz egal, was er auf dem Leib trug. Und was war das Ende vom Lied-?
König:	Er ist in seinen alten Hosen gestorben.
Bea.:	Nein, nein, er lebt ja noch. Er bekam seine Rente gekürzt.
König:	Das darf doch nicht wahr sein!
Bea.:	Finden Sie? Aber dahin führt es, wenn man sich verweigert. Erst Konsumverweigerungssteuer, dann Rentenkürzung oder Lohnkürzung. Um also das Schlimmste von Ihnen abzuwenden, habe ich Sie herbestellt.

	Wir kümmern uns um die Menschen, dazu sind wir da. Auch um Sie, Herr König. Tagtäglich bekommen Sie die Vorbilder zur Nachahmung vorgeführt - und was machen Sie daraus? Nichts.
König:	Aber ich kaufe doch was ich brauche. Viele Dinge aber brauche ich einfach nicht.
Bea.:	Wenn ich das schon höre: Dinge brauche ich einfach nicht! Die Dinge - wie Sie sagen - haben eine Seele. Als ginge es nur um Bedarfsgüter, es geht um Karaktereigenschaften, verstehen Sie. Niemand soll einfach eine Jacke kaufen, sondern eine Eigenschaft: mutig, entschlossen, der überlegene Mann! Wir wollen zufriedene, selbstsichere Bürger. Das ist es, was wir wollen.
König:	Aber ich bin doch durchaus zufrieden. Und auch Sie sind es wohl jetzt: zufrieden. Sie haben getan, was Sie tun müssen, haben mir gesagt, was Sie sagen müssen. Ich habe es gehört...
Bea.:	Gehört. Aber haben Sie es auch verstanden? Wir sind für Sie da, bemühen uns, Sie glücklich zu machen, Ihre Selbstsicherheit auszustaffieren.
König:	Lieb von Ihnen. Aber jetzt muß ich gehen.

Bea.:	Halt, halt, Herr König! Wir sind noch nicht fertig. Sie müssen noch einen Vertrag unterschreiben. Damit wir Ihren guten Willen erkennen.
König:	Meinen guten Willen? Na schön - was ist das für ein Vertrag?
Bea.:	Sie verpflichten sich damit, ein neues Auto zu kaufen - und zwar diesen Monat noch.
König:	Ich? Nein!
Bea.:	Herr König, wir können auch anders.
König:	Wollen Sie mir drohen?
Bea.:	Ich will Sie warnen. Und ich will Ihr Bestes. Sie werden sehen, wie Ihr Selbstbewußtsein steigt mit einem neuen Auto.
König:	Aber ich brauche wirklich kein neues...
Bea.:	Sie müssen es ja nicht fahren, Herr König, Sie müssen es nur kaufen. Verstehen Sie doch, niemand zwingt Sie, es zu fahren - obwohl, mal eine andere Farbe und ein anderes Design, von den technischen Neuerungen ganz abgesehen, das wäre doch was. Und was die Bezahlung angeht: Sie bekommen einen Kredit von uns, sehr günstig...
König:	Ich glaube, ich verstehe.
Bea.:	Na endlich. Und was Sie an Steuern sparen, alleine die Konsum-

	verweigerungssteuer. und was Sie an Prestige gewinnen.
König:	Aber könnte ich auch was anderes kaufen? Ich meine, könnte ich auch mein Bad neu plätteln lassen, schwarze Spiegelkacheln vielleicht mit Goldborte obenrum - oder...
Bea.:	Natürlich können Sie das. Wie Sie wollen. Sie können auch ein Klavier kaufen.
König:	Aber ich kann doch nicht Klavier spielen, und meine Frau auch nicht.
Bea.:	Das ist nicht nötig, Herr König. Wirklich nicht

ARBEIT, DIE NICHT SPAß MACHT, IST SCHINDEREI
Papst Stephan VI.,
der seinen Vorgänger *FORMOSUS* aus dem Grab zerrte, in päpstliche Gewänder kleidete, dem Toten den Prozeß machte und ihm als Strafe den Segensfinger der rechten Hand abhackte. Dieser Stephan VI. wurde dann wenig später von seinem Nachfolger erwürgt, was nichts besonderes war, in zwei Jahrhunderten hievten sich 44 Päpste auf den Stuhl Petri und lösten durch Gift, Schwert oder Würgeschlingen einander ab. Würgen, Stechen, Gifte mixen muß den Päpsten besonderen Spaß gemacht haben. Vielleicht die einzige Arbeit, die ihnen Spaß machte.

Georg Meschek

Das Leben des Papstes Giovanni-Battista VII

Wenn man ein Medici ist, hat man ausgesorgt. Sogar wenn man nur ein halber Medici ist, muß man sich nicht um so banale Dinge wie „Lebensunterhalt" kümmern, und er, er, der kleine Francesco, war zwar nur zu einem Viertel ein Medici (die anderen drei Viertel stammten aus dem Freudenhaus / Oma, also aus dem Kloster Santa Barbara, dort kam auch das Medici-Viertel ins Spiel, vom Fischmarkt/Mutter, und aus der Kanzlei des päpstlichen Nuntius in Florenz, woher auch seine früh gewonnen Erkenntnisse stammten), aber von der Richtigkeit und Schlüssigkeit des Laufs der Welt überzeugt.
Wenn ihn seine Mutter zum Helfen in der Küche anhalten wollte, sank schon der Vierjährige in sich zusamen und murmelte heftig Gebete, wenn der Vater ihn zu einem Botengang missbrauchen wollte, lag er keine fünf Minuten von der Wohnung entfernt unter einem Standbild des Kirchenvaters Augustinus, zufällig inmitten eines Obstgartens, in der Sonne ... schon als Sechsjähriger hatte er den Botenweg vor insbrünstigem Glauben einfach nicht schaffen können.
Wie damals üblich, erfolgte der erste Unterricht durch Privatlehrer, und wenn sich einer von de-

nen beim päpstlichen Schreiber-Papa beschwerte, dass der Junge keinen Strich lernen wollte, weil er sich in religiöser Bestimmung dem Gebet hingeben musste ... war er schon entlassen.
Der Glaube ist schließlich wichtiger als Wissen, erklärte der Kanzlist, Wissen könne man erwerben, der Glaube aber sei ein Geschenk Gottes und daher jenem allemal vorzuziehen. Basta.
Als Florenz berannt wurde und alle wehrfähigen Männer auf den Mauern kämpften, schlief Francesco buchstäblich in der bestens bewehrten Familienkapelle und kämpfte für den Sieg auf seine Weise - er betete darum. Freunde und Bekannte verloren Arm und Bein und Leben, doch als der Sieg erfochten war, gab es nicht wenige, die sein Eintreten zu einem guten Teil nicht den Tapferen auf der Wehr zuschrieben, sondern den Fürbitten des heiligen Francesco ... ja, so nannten ihn schon damals nicht wenige.
Mit den Beziehungen des Herrn Vaters als päpstlicher Kanzlist war es nach diesem überwältigenden Beweis, dass Gott auf den Sechzehnjährigen tatsächlich hörte, ein Geringes, ihn im Domkapitel unterzubringen.
Seine Aufgabe wäre es gewesen, die Bibliothek zu ordnen, aber da er lieber gebetet hatte, als Schreiben zu lernen, ließ man ihn bald weiterhin ins Gebet versinken und jemand anderer machte die Arbeit. Man wollte versuchen, ihn das Lesen wenigstens frühester Minderheiten-Messen beizubringen, aber an seinem nach innen gerichteten Blick zerschellten derlei Pläne. Als er zu-

ständig gemacht wurde, allabendlich die Kerzen zu löschen, stieg der Kerzenverbrauch sprunghaft, denn natürlich saß er lieber im Weinkeller und betete für eine gute Qualität der nächsten Ernte.
Hätte zum damaligen Zeitpunkt jemand nachgefragt, welche Gebete er denn überhaupt beherrschte - die Antwort hätte ein ziemlich ernüchterndes Ergebnis zutage gefördert, allein, auf die Idee kam angesichts solch nachgewiesenen tiefen Glaubens niemand.
Francesco aber wurde bei einem derart kontemplativen Leben bald und frühzeitig fett wie ein richtiger Prälat, weil er jeder Art von körperlicher und geistiger Beschäftigung geschickt in zum Stillhalten zwingende Frömmigkeit entfleuchte bald und frühzeitig sogar fett wie ein Bischof, so daß er bald und frühzeitig tatsächlich Prälat und Bischof wurde. Der Organisation, der er diente, war Glaube zunehmend immer wichtiger als Wissen, und je heftiger das Wissen in der Außenwelt explodierte, desto mehr verstärkte sich, zur heimlichen Freude Francescos, diese Einstellung.
Der Lauf der Welt, pflegte er manchmal tief in sich zu denken, ist wie ein Instrument, und wer es zu spielen versteht, kann ihn verändern, und es sich in ihr richten.
Nein, korrigierte er sich, nicht „es sich richten", nichts muß, ja, kann man selber tun - dem richtet es sich, dem richtet sich der Lauf der Welt, um den gestaltet sich der Lauf der Welt, in dem

noch keiner unersetzbar war, der, an sich, auf einen Einzelnen immer verzichten konnte.

Er sah es ja an sich: Er hatte noch nie etwas „getan", aber „getan" wurde es schließlich dennoch. Und der, der für ihn die Kerzen löschen musste, löschte noch immer die Kerzen, während er sich schon in den Kardinalspurpur hüllen ließ, um sich durch seine Stadt tragen zu lassen.

Und als der Alte in Rom schließlich starb, folgte eine der kürzesten Wartezeiten auf den Weißen Rauch - Francesco, dessen Ruf der Heiligkeit, dessen unerschütterlich gelebter tiefster Glaube im ganzen katholischen Erdenrund schon mehr als sprichwörtlich war, wurde der Nachfolger Petri am Heiligen Stuhl.

Zufrieden durchschritt er das Spalier der Hunderten von Bediensteten, die ihm für den Rest seines Lebens jegliche Tätigkeit abnehmen würden, ja, selbst für den bloßen Gedanken an eine Tätigkeit standen ihm nun willfährigste Kohorten zur Verfügung.

Jetzt, dachte Francesco, der sich in seinem neuen Job Giovanni-Battista VII nannte, ein Name, den er sich natürlich nicht selbst aussuchte, was sollte er sich damit plagen, jetzt, Francesco, dachte er, als er vom Balkon auf den Petersplatz hinunterwinkte, jetzt hast du es geschafft: Wenn jetzt von irgendwoher „Arbeit" auftaucht, musst du nicht einmal mehr beten.

*Nie hat ein Arbeiter behauptet,
daß Arbeit frei macht.
Immer waren es die Demagogen, die bis heute
behaupten:
Arbeit macht frei. (Die Hymne der
deutschen KZs.)*

Reinhard P. Gruber, Lob der Faulheit

"Eine seltsame Sucht beherrscht die Arbeiterklasse aller Länder, in denen die kapitalistische Zivilisation herrscht, eine Sucht, die das in der modernen Gesellschaft herrschende Einzel- und Massenelend zur Folge hat. Es ist dies die Liebe zur Arbeit, die rasende bis zur Erschöpfung der Individuen und ihrer Nachkommenschaft gehende Arbeitssucht. Statt gegen diese geistige Verwirrung anzukämpfen, haben die Priester, die Ökonomen und die Moralisten die Arbeit heilig gesprochen. Blinde und beschränkte Menschen, haben sie weiser sein wollen als ihr Gott; schwache und unwürdige Geschöpfe, haben sie das, was ihr Gott verflucht hat, wiederum zu Ehren zu bringen versucht."
Paul Lafargue, Das Recht auf Faulheit

Matthias Schmidt

Sozialschmarotzer?

Ich bin nach Meinung nicht weniger Bürger ein Sozialschmarotzer, eine arbeitsscheue Sau.
Nach meinem Diplomchemikerexamen, versuchte ich mich an einer komplizierten Biochemischen Doktorarbeit bei einem Professor, der mehrer unangenehme Eigenschaften hatte: Er war Nazi, glich meinem Vater, war autoritär, verlogen und Alkoholiker. Ich überstand die Arbeit nicht, was auch seelische Gründe hatte, wie ich erst später verstand.

Ich konzentrierte meine Kräfte dann in einer Bürgerinitiative zur Umwandlung eines alten Straßenbahndepots in ein Bürgerzentrum, das heute ein Theater ist. In diesem Kreis gewann ich einen alten Kommunisten als Freund, der mich zwanzig Jahre wie ein guter Vater durch fast alle Höhen und Tiefen meines Lebens begleitete. Zwei Tage vor seinem Tode war ich noch an seinem Sterbebett. Mit diesem Freund baute ich eine Ortsgruppe der Antifavereinigung VVN auf. Wir protestierten gegen Naziaufmärsche in der Stadt, und die älteren Mitglieder "Zeitzeugen" hielten vor Schulklassen Vorträge über die Gefahr des Faschismus.

Über meine damalige Freundin Waltraud lernte ich einen anarchischen Haufen kennen, die sogenannte KLOSTERPRESSE, der ich heute noch angehöre. Dort lernte ich Portrait zeichnen, und oft zog ich auch raus in die Natur und zeichnete, den Block auf den Knien, Landschaften. Mit anderen Worten, ich scherte mich einen Teufel um mein berufliches Fortkommen bei dem kaputten Professor, der irgendwann das Spiel durchschaute und mich schreiben ließ, was ich "erforscht" hatte. Es war nicht gerade viel. Aber ich hatte eine innere Umwertung vorgenommen: Lieber etwas Sinnvolles zu tun für mich und vielleicht die Menschheit, als den alten, abgelatschten Weg einer bürgerlichen Karriere zu gehen, der mir aus verschiedenen Gründen eh verschlossen war. Doch der Entschluß reifte erst langsam damals, ist im Grunde auch immer noch am Reifen. Wer ist schon fertig vor seiner letzten Stunde?

Nach dem Flop mit meiner Doktorarbeit, wollte mich kein Professor mehr als Assistenten beschäftigen, wahrscheinlich auch deshalb nicht, weil ich als alter 68iger zu viel Zeit auf der Straße verbrachte mit Protesten gegen den Vietnamkrieg und gegen Pinochets Chile engagiert war.
Mit einer bürgerlichen Karriere war es vorbei. Geträumt hatte ich nie davon. Ich hing ziemlich perspektivlos rum und war erwerbslos. Erwerbslosigkeit war das Problem. Oskar Negt hat die Erwerbslosigkeit als Gewaltakt bezeichnet, der jahrzehntelange erworbene Qualifikation zerstört. Ich war gezwungen zu sehen, wie ich durchkomme, hüpfte von Nische zu Nische. Siebenundzwanzig Jobs oder Gelegenheitsarbeiten habe ich im Laufe der Jahre ausprobiert, ohne jeden akademischen Dünkel und ohne eine dauerhafte Existenzsicherung.

Wenn ich keinen Job hatte, besuchte ich eine Erwerbsloseninitiative. Dort traf ich Gleichgesinnte, hatte soziale Kontakte und konnte etwas tun, Protestmärsche mitorganisieren, diskutieren - niemals lamentieren.

Um die knappe Kasse aufzubessern, gab ich Nachhilfeunterricht in den von mir am besten beherrschten Fächern: Mathe, Physik, Chemie und Englisch. Nebenbei schrieb ich Flugblätter und machte eine Psychiatriezeitung. Immer mittwochs ging ich in den DGB-Chor singen.

Natürlich war meine Erwerbslosigkeit auch ein seelisches Problem, das mich umwarf. Ich wurde krank, seelisch krank, was teilweise monatelange Psychiatrieaufenthalte in den verschiedensten Kliniken erforderlich machte. Das Thema Erwerbslosigkeit und Krankheit war mir nun so hautnah geworden, daß ich an psychiatrischer Literatur verschlang, was ich nur erwischen konnte, auch soziologische Betrachtungen über Psychiatrie als Gewalt. Auch Kritiker der herrschenden Psychiatrie, wie Foucault, Foudraine, Erving Goffmann und Thomas s. Szasz faszinierten mich. Mit der Zeit und durch entsprechendes Studium gelang es mir, eine große Distanz zur herkömmlichen Psychiatrie zu bekommen, die ich in ersten Texten nur beschreibend oder klagend darstellen konnte.

Während meines ersten Krankenhausaufenthalts begann ich mit dem Schreiben, das wurde mir dann mehr und mehr zum Bedürfnis. Ich schrieb Märchen, Kurzgeschichten, Gedichte, Kurztheaterstücke und viel Unsinnspoesie. Selten schrieb ich autobiographisches (so weit nicht alles Schreiben irgendwie autobiographisch ist). Irgendwann fiel mir auf, daß fast alle meine Texte etwas satirisches hatten, beißende und böse Kritik der herrschenden Zustände waren. Freunde aus der "Klosterpresse" ermöglichten mir Lesungen auf Vernissagen und Künstlerfesten, sowie erste Veröffentlichungen in einem Jahresband für Lyrik. Meine intensive Beschäftigung mit Psychiatrie und Literatur haben weiterhin zur Gründung einer Zeitung geführt, die von Patienten der Unipsychiatrie Frankfurt, drei Pflegekräften und unzähligen Freiwilligen beliefert wird. Diese Zeitung hat meines Erachtens ein hohes literarisches Niveau. Gedichte, Selbsterfahrungen, Buchbesprechungen füllen das Magazin. Immer wieder haben wir Beiträge von Patienten im Briefkasten, stets wird nach der neuesten Nummer nachgefragt.

Ich habe zu tun, würde gerne mehr tun, wenn meine Krankheit es mir erlaubte. Es schmerzt nicht mehr, wenn ich für einen Sozialschmarotzer gehalten werde, ich alleine weiß, daß ich keine faule Sau bin, mich im Gegenteil einbringe, wo es geht und wenn es geht. Allerdings sehe ich genau hin und denke darüber nach, was ich mache und für wen ich es mache. Zu viel Elend und Leid ist in die Welt gekommen, weil zu viele nicht fragen, was sie machen, wofür sie es machen, wem es nutzt. Egal welche Arbeit, Hauptsache du hast Arbeit! lautet die Botschaft der Lohngesellschaft. Mir ist das zu wenig. Die Folge ist nämlich: Egal wieviel Lohn, Hauptsache ein Arbeitsplatz!

Arbeit, Arbeit, Arbeit: nur wer arbeitet soll auch essen! Und was dann geleistet/hergestellt wird auf dem Arbeitsplatz ist schnurzegal: Giftgas oder Bomben, Krüppel oder Waisen. Auf vielen Arbeitsplätzen werde sogar Erwerbslose produziert. Es geht nur noch darum, Profit zu erwirtschaften, und Menschen sind dazu die Ressourcen aus Fleisch und Blut.

Wohlbegründet der Haß gegen die Arbeit, die die Menschen etwas Heiliges nennen, womit sie aus der Not eine Tugend machen - die jedoch ein großes Übel ist.

Henry De Montherlant, Die Wüstenrose

O Müßiggang, Müßiggang! du bist die Lebensluft der Unschuld und der Begeisterung; dich atmen die Seligen, und selig ist wer dich hat und hegt, du heiliges Kleinod! einziges Fragment von Gottähnlichkeit, das uns noch aus dem Paradiese blieb.

Friedrich Schlegel, Lucinde

Alfred Paul Schmidt

Spitzweg, oder: Und was nützt jetzt der ganze Fleiß?

Offenbar wollte mir meine Frau etwas sagen, sie hatte etwas Wässriges im Gesicht, irgendeinen überschwappenden Trödel, der bereits drohte auf den Teppich zu tropfen, aber der angewiderte Blick, den ich ihr aus meinem Lehnstuhl entgegensandte, verschloss ihren schon halbgeöffneten Mund und sie machte sich wieder aus meinem Zimmer. Dass meine Verdrossenheit, in Wahrheit eine bodenlose Verzweiflung, sie bereits zum zweiten Mal auf diese Weise verscheucht hat, war immerhin eine kleine Freude in der Brandung, auf meinem Felsen, der von turmhohen Wellen des Ekels umtost war. Die unsagbar widerlichen Larven meiner Schüler zermalmten mein inneres Auge. Ich stellte mir hilflos die Frage, mit 5o stand sie mir einigermaßen zu, welch unseliges Schicksal mich gezwungen hatte, Berufschullehrer zu werden? Darüber hinaus besitze ich nicht nur einen Sohn, der die Tätigkeit eines erfolglosen Landschaftsmalers besorgt, sondern auch eine Frau, die diesem missratenem Pinsel gelegentlich kleinere Geldbeträge zukommen lässt. Wie kann man nur Landschaftsmaler werden, wo es doch längst keine Landschaft mehr gibt! Doch muss ihn irgendetwas zum Künstler befähigen, denn er ist feinfühlig genug, im Ausland zu leben, um mir seinen Anblick zu ersparen.

In der Schule hatten wir es seit etwa einem Jahrzehnt mit einem Ausbildungsgut zu tun, das an sich begabt genug war, in der Welt einen Platz mit Krampen und Schaufel zu behaupten, aber aufgrund geänderter Bildungsziele hatten wir die Aufgabe, dieses grenzdebile Unkraut an die Fähigkeiten von Handwerkern heranzuführen. Die Brut war nicht nur leidenschaftlich blöd, faul und bösartig, sondern auch disziplinlos, dass der Verputz von den Wänden bröckelte. Das akkustische Aufkommen einer Unterrichtsstunde war in der Regel mit dem heillosen Lärm einer Revolte in einem Dampfhupenmuseum zu vergleichen.

An sich bin ich Maschinenbau-Ingenieur, aber wegen meines Interesses für Wörter und einen Ausdrucksmodus jenseits der gängigen Zombiesprache, der mein Denken ins Unterscheidende und Weltläufige beflügelt, habe ich mich zum Sprachlehrer weitergebildet. Ich unterrichte deutschen Schriftverkehr und Englisch. Um von einem Unterricht zu sprechen, muss man allerdings das Unternehmen, Tiefseepolypen über den Flug eines Condors aufzuklären, als eine Art von Lehrtätigkeit gelten lassen. Es ist die Regel, dass die Sätze meiner Schüler mit dem nämlichen Sinn behaftet sind, wie die Frage nach dem Fernmündlichen an einem Eisengießer. Wenn eines ihrer Wörter den Regeln der Rechtschreibung entspricht, so ist gewährleistet, dass das

Wort von einem Nachbarn falsch abgeschrieben wurde.
Meine hauptsächliche Tätigkeit besteht darin, den Versuchen meiner Schüler, einander die Knochen zu brechen, an der Grenze zu Mord und Totschlag Einhalt zu gebieten. Auf meinem Katheder liegt daher als wichtigster Unterrichtsbehelf stets ein zuverlässiger Baseballschläger. Dass man einander Löcher in die Klamotten brennt, wechselseitig die Reifen von Mopeds aufschlitzt, Hefte und Bücher zerfetzt, einander Petroleum in die Haare schmiert, gehört zum Standardrepertoire der Bösartigkeit dieses Abschaums. Dass die Kitz zum Unterricht erscheinen und ihn verlassen, wann sie wollen, stellt die Ursprungsgeschichte der Magengeschwüre dar, die jeder Lehrer seinem Internisten hinterbringt. Dass die Kollegen mitunter halb tot geprügelt werden, gehört nicht selten zum Anreiz für die Magengeschwüre, sich in einen letalen Magenkrebs zu verwandeln.
Wahrhaft niederschmetternd aber ist, dass mich die Gesichter dieser Ausgeburten auch außerhalb meiner Träume auf eine Weise verfolgen, die absolut tödlich ist. Wo immer ich Einwohner erblicke, auf der Strasse, im Restaurant, im Fernsehen, die Gesichter meiner Mitmenschen nehmen das wesensgleiche Aussehen meiner verhassten Schüler an. Aus dem Mienenschnitt harmloser Bürger grinst mir die gemeine Fratze der jugendlichen Verworfenheit entgegen. Aber versuchen Sie einmal, seelische Grausamkeit als

Grund für den Gang in die Frühpension namhaft zu machen!

Die eigentliche Ursache meiner abgrundtiefen Hoffnungslosigkeit, die mich in mein Fauteuil hineinlähmte, war jedoch ein Ereignis vor wenigen Stunden, das nicht nur abstoßend und von einer unerhörten Obszönität war, sondern in der Folge auch die Vernichtung meines Kampfes, gleichsam die Auslöschung meiner Person bedeutete. Im Bestreben, seine Bösartigkeit auf eine unüberbietbar originelle Weise zu inszenieren, war ein Schüler auf die Idee verfallen, seinen Kot in die Schultasche eines Banknachbarn abzusetzen. Das Gejohle, als die Sache ruchbar wurde, glich dem kläffenden Angriff einer Meute von Schäferhunden, ein gellender, trommelfelldurchstoßender Schmerz. Die Fenster wurden aufgerissen, die Schüler sprangen zum Veitstanz auf die Bänke, Bücher, Hefte und Füllhalter flogen durch die Luft, der Stuhlgang wanderte auf die Wände und die toten Krähen, die zum Zweck des Aufruhrs stets mitgeführt werden, segelten in meine Richtung. Nach einem vergeblichen Anbrüllen gegen diese Hölle blieb mir nichts anderes übrig, als die Fülle meines Zorns, die Erektion meiner Wut in einen Hieb mit dem Baseballschläger zu übersetzen, auf den Schädel des Attentäters, der sich, bezeichnend für seinen Mut, als er das Unheil auf sich zukommen sah, unter einen Sturzhelm geflüchtet hatte. Naturgemäß ging der Helm zu Bruch. Stille trat in der Klasse ein, alles wartete

gespannt auf die Reaktion des rotborstigen Rüpels, der im Glanz seiner synthetischen Haarfarbe mit arroganter Langsamkeit die Trümmer seines Sturzhelms aufsammelte. "Lehrermann", grinste er mit schief aufgezogener Lippe, "jetzt hast du dein Kraut verschissen, du bist im Off, weg vom Fenster, ich geh' mich zum Direktor beschweren!"
"Bist du wahnsinnig", kreischte ich, "du legst deine Würste in den Ranzen eines Schulkollegen und willst dich beschweren?!"
"Das ist die Freiheit der Kunst! Scheißen und Brunzen sind Kunsten! Außerdem, wo ich hinscheiß, ist meine Sache!"
"Sowieso!", atmete ich durch, "es ist auch deine Sache, dass man dich aus der Schule schmeißen wird. Dass du deine Lehrstelle los bist!"
"Lehrermann, du bist nicht ganz dicht. Mein Vater sitzt, Raubüberfall, meine Alte ist Alkoholikerin auf Sozialfürsorge, meine Schwester ist epileptisch und ich bin schwer erziehbar. Ich komm' aus einer Katastrophenfamilie. Wenn ich jemand in die Schultasche scheiss', ist das für jeden Lehrer eine pädagogische Herausforderung. Zahl' mir meinen Helm und Schwamm drüber!"
Der Jähzorn verwandelte meinen Körper augenblicklich in eine gespannte Stahlfeder. Schwarze Schatten der Weißglut flackerten in meinen Augen. Ich hörte das letzte Ticken vor der Explosion, aber ein Stoss mit dem Baseballschläger in seine schiefe Fresse entschärfte die Bombe. Sei-

ne Lippe war gespalten, das Blut spritzte auf den Boden und aus der roten Lache im grünen Linoleum punkteten zwei schneeweiße Zähne hervor. "Sauber, Karl", sagte mein Chef, der Direktor, "das hast du super hingekriegt." Er hieß mich vor seinem Schreibtisch Platz nehmen und ließ sich selber in seinen Ledersessel hineinplumpsen. Die Hände vor sein gespanntes Hemd gefaltet, lehnte er sich zurück, um von seiner Kugel etwas weniger geplagt zu werden. Diese Haltung war die typische Sitzhaltung der Kollegen an der Schule, allesamt heimliche Alkoholiker, jedoch bekennende Sodbrenner. Der Chef ist keine Ausnahme. Die immerwährende Hoffnung der Lehrer, ihr Übergewicht zu verlieren, hatte zur Folge, dass sie in viel zu engen Hosen und Sakkos stets den kläglichen Eindruck von gescheiterten Wirtshauspächtern machten.

Nach dieser Überreaktion auf die gewiss verurteilenswerte Fäkalaktion des Schülers, wie mein Chef formulierte, habe er jetzt alle Hände voll zu tun, mich an einer Strafverfolgung und an einem Disziplinarverfahren vorbeizumanövrieren. Aber es würde mir sicher nicht schwerfallen, zu verstehen, dass ab sofort alle meine Überstunden und freiwillig zugänglichen Lehrveranstaltungen gestrichen sind. "Karl, das musst du einsehen", hielt er mir seinen fetten Finger wie einen Opferkelch entgegen, "das ist das mindeste, was ich tun muss, um den Landesschulrat dorthin zu bringen, wo nach Gnade vor Recht geschachert wird!"

Dass ich nur mehr der regulären Lehrverpflichtung nachkommen, mein Einkommen um gut die Hälfte schrumpfen sollte, war der furchtbare Schlag, der mich von einer Sekunde auf die andere zu einem Wesen zusammendrückte, das in einem Raum existieren muss, wo die Decke am Fußboden schleift. Wiewohl ich die Schüler hasste, wiewohl, sie zu unterrichten, die widerlichste Vergeblichkeit war, verbrachte ich mehr als mein halbes Leben in der Schule, denn allein aus der Kraft, die entsetzlichen Widerstände gegen das Unterrichten zu überwinden, erwuchs mir die Genugtuung, in diesem Leben etwas zu leisten, aus meiner Regsamkeit eine Frucht zu ziehen, die sich sehen lassen konnte. Wann immer ich drohte, unter der Sinnlosigkeit meiner Arbeit zusammenzubrechen, war es der Blick in meine Sparbücher, der mir den Rücken wieder geraderichtete. Mein Opfer am Altar der Pflicht wurde von des Geschickes Mächten mit Wohlgefallen betrachtet.

Das war aber nicht so einfach. Den Rest meiner Zeit, der nicht für die Schule draufging, verschlang mein Chef, der mich als immerwährenden Freund beschäftigte. Ich besorgte seinen Garten praktisch im Alleingang, mähte den Rasen, zog Gemüse und Blumen, beschnitt Sträucher usw; gelegentlich soff er sich einen an und schaute mir beim Ackern zu. Natürlich beteuerte ich ständig, um sowohl mein Gesicht wie das meines Chefs zu wahren, welche Freude mir die Arbeit macht, was für ein nie versiegender Gesundbrunnen das Schaffen in der freien Natur für mich war. Ja, ich versicherte ihm sogar, meine Ausgeglichenheit komme allein von dieser Arbeit, denn Gartenwerken sei im Grunde Meditation mit den Händen, die das Werden und Vergehen als Abbild der seligen Unvergänglichkeit des Lebens in meine Seele hineinarbeiten würde.

Was Wunder, dass mir der Chef für diese, nun bereits Jahre währende Freundschaft aus dem Füllhorn, das er verwaltete, jede Menge an Mehrarbeit zuschanzte. Überstunden Länge mal Breite mal Höhe. Ich unterrichtete, was das Zeug hielt, nicht nur meine Fächer, sondern auch Bürgerkunde, Kaufmannsrechnen, Marketing und Arbeitsrecht. Natürlich war alles für die Fische, dennoch zog ich das höllische Schuften eisern durch. Selbst wenn ich im Verkehr mit Straßenbahnen karambolierte, weil zu apathisch, um auf die Bremse zu treten, hatte ich immer eines vor Augen: unsere Väter waren in Stalingrad. Gelegentlich hing mir das Unterrichten als ein Dröhnen nach, das jede Faser meines Fleisches in geschmerzte Gläsernheit verwandelte, mein Gemüt war von einem Prellen durchzogen, als würde der Grund meiner Seele von einem Pressluftmeißel aufgerissen.

Aber es hat sich gelohnt, vor drei Jahren habe ich in einem Villenvorort ein Haus mit Garten erstanden, ein Fleckchen Erde, das sich meine Frau zum Lebensinhalt erkoren hat. Was ich für meinen Chef bin, ist sie für unseren Garten, wo sie im Jahreslauf das Wunder der Natur zum Erblühen bringt. Das Schicksal wollte es, dass sie die Menschen scheut, doch dieses Gebrechen ist der eigentliche Grund meiner Achtung vor ihr, denn was ist der Mensch in Wahrheit? Um es mit Nietzsche zu sagen: ein Schimmelpilz, der die Erde überzogen hat! Diese Angst vor der Welt macht es meiner Frau unmöglich, einer Arbeit im finanziellen Sinne nachzugehen, leider, aus diesem Betrachtungswinkel ist ihre Existenz eine Vergeudung. Ihre Furcht vor den Menschen ist mir trotzdem das liebste auf der Welt, nur sie macht es möglich, dass ich die Ausnahme davon bin!

Dieses Haus im Grünen, umgeben von Heimstätten eines gleichen Sinnes, war meine Burg, sie trennte mich vom Lärm und vom Gestank einer Welt, die unwiderruflich dem Wahnsinn verfallen war. Wann immer ich das Tor meiner Zuflucht hinter mir schloss, blieb der Krieg ausgesperrt und ich war gerettet. Es war eines meiner wenigen Vergnügen, mit geschlossenen Augen im Garten unter einem Nussbaum zu sitzen und mir das Treiben draußen als inneres Lichtspiel zu Gemüte zu führen. Ein apokalyptisches Drama der Zerstörung. Hass, Betrug, Verrat, Verleumdung, Gewalttätigkeit, Siechtum und die unentwegte Anpreisung der eigenen Großartigkeit machten die Menschen zu unsäglichen Zerrgestalten, die sich in irrsinnigen Krämpfen auf dem sturmgepeitschten Ozean einer endlosen Dummheit im Geheul der Todesangst gegen den

den Untergang wehrten. Doch ehe alles in ein blutiges Massaker zerbirst, schlage ich die Augen auf und erblicke zwischen Veilchen, Himmelschlüsseln und Gänseblümchen eine Gießkanne. Sie hat keinen Namen, keine Geschichte, keinen Zweck, sie ist nur da; rein öffnet sich ihr durch und durch gehaltloses Wesen dem entzückt Staunenden. Ich erschaue die Gießkanne in ihrer ekstatischen Ruhe. Für Augenblicke bin ich im göttlichen Herzen der Reinheit des Lebens und alles ist gut, so wie es ist.

Doch dieser Fluchtgarten, ihn eine Idylle zu nennen, wäre frivol, dieser Tabor meiner Exterritorialität war grundstürzend gefährdet und sollte in eine Folterkammer der Reviervernichtung und des Hoheitsverlustes verwandelt werden. Die Tochter eines Anwohners hatte vor, auf dem umfänglichen Nachbargrundstück einen Kindergarten zu errichten. Um ihn zu finanzieren, hat man die Absicht, einen Teil der Wiese zu verkaufen, naturgemäß an jemanden, der sich auf dem erworbenen Grund ein Heim erbauen würde. Es drohte demnach nicht nur ein neuer Nachbar, der seinen Schatten rücksichtslos über den Zaun in meinen Garten werfen würde, sondern auch stundenlanges Kindergeschrei, das für mich bar jeder Lieblichkeit ein Vorprogramm jenes Lärms ist, dem ich in der Schule unentwegt ausgesetzt bin.

Dass der Kindergarten an uns vorübergeht, dafür wird die Nachbarschaft sorgen. Eine Belästigung dieser Art in ein Villenviertel hineinzuplazieren,

ist nicht so einfach, auch wenn sie eine ist, die gemäss bürgerlicher Übereinkunft einen humanen Appell in sich trägt. Es gibt im Umkreis nicht umsonst einige Herrschaften von verlässlichem Einfluss. Aber gegen den Grundverkauf ist nichts zu machen, er wird auf jeden Fall vorgenommen werden, da der Kindergarten nötigenfalls andernorts zur Errichtung kommt. Es war daher eine Unabdingbarkeit, den Grund in meinen Besitz zu bringen! Allein um mein Refugium vor einer feindlichen Ansiedlung zu schützen, malochte ich weiter und richtete meine Gesundheit weiter zugrunde. Aber jetzt, nach dem Absturz meines Einkommens, war es vorbei mit der Insel des Heils, die Gießkanne wird einem Alptraum weichen, der mich im Voraus mit der Widerlichkeit von Fremden in Griffweite zermürbte. Kurzum, ich war aus meiner Geborgenheit, als hätte sich plötzlich ein Riss aufgetan, in ein bodenloses Sumpfloch abgestürzt.
In diese würgende Auswegslosigkeit drang meine Frau zum dritten Mal ein. Sie kam auf meinen Lehnstuhl zu und drückte mir ein Blatt Papier in die Hand, dann verließ sie wieder den Raum. Auf dem Zettel standen vier Worte: Ich werde dich verlassen! Es ist meine Erfahrung, dass auch völlig humorlose Menschen gelegentlich von dieser Feuchtigkeit angefallen werden, als würde der Frohsinn die Türen zu einem verbotenem Terrain aufsprengen. Seine Gesten sind dann auch meist etwas gewaltsam und übertrieben. Es war meine Maxime: Tue stets, was dir

schwerfällt. Meine Frau zu fragen, was diesen plötzlichen Einbruch des Scherzhaften bei ihr bewirkt hat, blieb ein Gebot des Respekts vor ihr, das auch die Stunde tiefster Trübseligkeit nicht aufheben konnte.

Ich fand sie auf der weißen Holzbank unter den Nadelbäumen in einer Ecke des Gartens, ihrem Lieblingsplatz, auf dem sie nie ohne Joghurt sass. Das Beeindruckende an dieser Baumgruppe, zwei Silbertannen und drei Fichten, war der Gegensatz zwischen dem ebenen kurzgeschorenem Rasen und der unvermittelten Hochtürmung der Bäume. Dass in diesem harmlosen Stück Erde eine solche Kraft verborgen war, aus der diese Mächtigkeit herauswachsen konnte, lotste mich immer wieder in ein verwundertes Staunen hinein, das gewissermaßen meine Beziehung zu den Bäumen konstituierte. Meine Frau horchte entspannt auf die Geräusche in den Ästen, in denen ein leichter Wind die Zweige zu den unregelmäßigen Bewegungen eines sanften Geplauders anhielt. Violetta war um fünf Jahre jünger als ich, keine Schönheit, aber hübsch, aus ihrem molligen Gesicht, eingefasst von einem kräftigen Haargebüsch, sprach eine säuerliche Gutmütigkeit. Irgendetwas störte mich an ihr, bis ich begriff, es war der fehlende Joghurtbecher. "Findest du das lustig?", hielt ich ihr den Zettel hin, "was soll denn das bedeuten?"

"Was es eben bedeutet", sagte sie, ohne ihre Miene zu verändern, "ich werde dich verlassen. Ich habe mich in einen anderen Mann verliebt."

"Erzähle!", setzte ich mich neben sie, in der Erwartung, sie werde den Scherz als einen Moment enthüllen, unser Paradies zur Stunde noch lustvoller zu erleben. Dem war, ich ahnte das plötzlich, aber durchaus nicht so. Es war eine völlig banale Geschichte, das Schmerzende daran war das Interesse, das sie mir abverlangte. Eine geradezu niederträchtige Dreistigkeit. Dem Trafikanten nähergekommen zu sein, den sie wegen der wöchentlichen Lottotips aufsuchte, hatte einzig den Grund, dass sie sich von mir allein gelassen fühlte, dass sie aus ihrer Einsamkeit wie aus sich selber herausgedrückt wurde und dem Mann, ohne von irgendetwas gehalten zu werden, in die Arme gelaufen war. Er war geschieden, besaß ebenfalls einen Garten, in dem er sich, um der Schneckenplage Herr zu werden, Gänse hielt, die den Anknüpfungspunkt eines Austausches bildeten, der nun bereits über ein halbes Jahr währte.

Er war ein ehemaliger Fußballer, dem ich wegen seines eleganten körperlosen Spiels als Jugendlicher sogar einen Fanbrief geschrieben hatte. Dass er nun auf diese Weise in mein Leben eingriff, schien mir, als hätte ich damals in jugendlicher Ahnungslosigkeit mit meiner Bewunderung einen Fehler begangen, dem ich nach mehr als 3o Jahren auf die Spur gekommen war. Es war aber nicht nur der Garten, der sie gemeinsam umtrieb, das alltägliche Leben, das im Tabakladen reichlich zusammenströmte, war vom Trafikanten zu meiner Frau geflossen, zu vergleichen mit der Wirkung von Champagner in einem chambre separee - er hatte sie damit bis zum Ehebruch abgefüllt. Dass meiner Frau etwas fehlte, was ich verabscheute, das Leben in seiner farbigen Belanglosigkeit, war für mich ein blanker Verrat, der unser gemeinsames Ankern im sprechenden Schweigen der Natur zu einer hohnkrachenden Falschmünzerei machte.

Was dem Trafikanten zugetragen wurde, hatte es meiner Frau so sehr angetan, dass sie sich nicht entbrechen konnte, auch mir davon mitzuteilen. Eine Ungeheuerlichkeit, selbst das Amselpaar zu unseren Füssen erhob sich schreiend in die Lüfte. Es ging um die Frau eines Bezirksvorstehers, die in ihrem Haus die Fenster geputzt hatte, zwei Stunden später war die Schwiegermutter zu Besuch gekommen und hatte mit beschwingtem Griff nach einem Lappen damit angefangen, die geputzten Fenster noch einmal zu bearbeiten. Worauf die Vorstehersgattin ihre Schwiegermutter mit einer Ohrfeige belegte, die einen Trommelfellriss nach sich zog.

In mir flackerte ein wütendes Verlangen, diesen Tabakdunst von Geschichten aus Violetta herauszubrennen, aber sie auf den Rasen zu werfen, ihre Schande mit meinem Gemächt auszutilgen, wurde wüst von einer anderen Empörung beiseitegerempelt. Die Blödsinnigkeit der erzählten Jauche kam mir hoch. Ich lief zum Zaun, steckte meinen Kopf durch die Buchenhecke und erbrach mich in vollem Schwalle. "Dass du zum

Nachbarn hinüberbröckelst", sagte meine Frau, "ist auch nicht gerade die feine Art."
"Du willst also die Scheidung?", rang ich nach Atem, während ich mit einem Buchenblatt meine Schnauze reinigte. "Da ist nichts mehr zu machen?"
"Nein! Ich bin fest entschlossen, den Hufnagel zu heiraten. Mit dir geht es nicht. Auf einer Eisscholle kann man nicht leben!"
"Und was die Heirat anlangt, bist du dir mit dem Hufnagel einig?"
"Ich bin für ihn", sie reichte mir ein Taschentuch, "die ideale Ergänzung. Einer, der erzählt, und einer, der zuhört, sagt er, gehören zusammen wie Nut und Feder."
Darauf ging ich wortlos ins Haus zurück und versank wieder in meinem Lehnstuhl. Sah man genau hin, stand ich gar nicht so schlecht da, es passiert nicht jedem, an einem einzigen Tag Arbeit und Frau zu verlieren. Fehlt eigentlich nur noch ein abgestürztes Flugzeug auf dem Dach meines Hauses. Dem Mitleid mit mir selber, das mich ankommen wollte, wies ich entschieden die Tür. Nach einiger Zeit ging mir auf, warum mich der Verrat meiner Frau nicht vollkommen zerstört hat. Ich war einfach zu erschöpft, die Niederlage in der Schule hatte alle meine Kräfte bereits verbraucht. Es ist eigenartig, durch den zweiten Schlag, der sich einem schon erfolgten anschließt, wird man wieder aufgerichtet. Man kommt umso leichter von der Talsohle wieder in die Höhe, je schwungvoller die Niederfahrt ist.

Dass mir das Nachbargrundstück verwehrt blieb, empfand ich nur mehr halb so schlimm. Neue Nachbarn, mein Gott, eine Herausforderung, dagegen empfindungslos zu werden. Was immer Menschen tun, sie müssen einem zu naturhaften, verantwortungsfreien Erscheinungen werden. Neulich ging ich nach einem Begräbnis auf dem Land durch einen Wald und hörte das Ächzen der Bäume im Wind, es klang wie das Greinen von kleinen Kindern - das hat mich schließlich auch nicht gestört, nachdem ich gemerkt habe, dass es nicht Kinder, sondern Bäume sind.

Ich verlor mich an die Frage warum man allgemein so getroffen ist, wird man von seinem Ehepartner betrogen. Es geht wohl darum, dass eine Ausschließlichkeit, auf die man sich vereinbart hat, zunichte gemacht wird. Man macht alles Mögliche mit vielen Menschen, man handelt und spielt mit ihnen, man arbeitet zusammen, man spricht und isst mit ihnen, aber man schläft nur mit einem einzigen Menschen. In diese Sache ist offensichtlich der eigentliche Zweck unseres Daseins hineingebündelt, darauf läuft alles Segeln und Flegeln hinaus. Im letzten Grund besitzt man sich nur durch die Paarung, deshalb wird sie durch Liebe und Treue gesichert, um in seiner Existenz zu bleiben, um zu verhindern, durch irgendwelche Launen von ihr abgeschnitten zu werden. Der Vertrag, ausschließlich mit einem Menschen zu schlafen, gewährleistet, sich gegenseitig unentwegt zu versichern, man lebt aus dem Grund aller Dinge.

Dass die Sache die lustvollste ist, die wir kennen, ist ein Attribut ihrer Wichtigkeit, das uns, wird der Vertrag gebrochen, begreiflich macht, dass wir einen Tod gestorben sind.

Nun war es aber so, dass mich die Untreue meiner Frau nicht sonderlich schaffte. Kein Blitz hat in der Mitte meines Lebens eingeschlagen. Ich wurde keineswegs von Vorstellungen zerschunden, wie Violetta in den Armen eines anderen vor Lust und Erregung in einen Zustand verhoben wurde, wo es ihr völlig gleichgültig war, falls auf den Strassen der dritte Weltkrieg ausbrechen würde. Wie dem auch sei, mir ist nichts weniger entgangen, als dass ich gewissermaßen tot war. Hier hatte sich ein Fehler ins System eingeschlichen. Aber es wäre gelacht, wenn ich mich nicht wieder vom Halb- zum Vollmenschen hocharbeiten würde. Auch das ist nur eine Sache des Fleißes.

Ich ging wieder hinaus in den Garten, meine Frau saß noch immer auf der weißen Bank unter den Bäumen. Dass sie diesmal den Löffel in den Joghurt führte, kam mir wie ein gutes Zeichen vor. "Was ist?", fragte sie, während ich mich zu ihr setzte. Bereitwillig rückte sie ein wenig zur Seite. Diese vertraute Bewegung war über die Jahre zum verschwiegenen Gefäß unserer Gemeinsamkeit geworden. Ich blieb stumm, aber das störte sie nicht, denn Violetta schloss sich meinem Blick in den Garten hinein an. Aus dem rotgelbweißen Blütengewölk und den Rosenhecken, die im Verein mit Sonnenblumen die

Buntheit zusammenfassten, aus dem Grund dieser Höhlung schien mir wie immer das Verschwinden in den Sommerträumen der Blumen und Sträucher entgegenzufließen. "Wie geht's jetzt weiter?", fragte sie nach einer Weile.
"Ich denke, du solltest mir noch eine Chance geben. Wir sind jetzt über zwanzig Jahre verheiratet, die Jahre können sich doch nicht plötzlich in Luft auflösen. Du hast dich doch deswegen einem anderen Mann zugewendet, weil du an meiner Seite einsam geworden bist, weil ich nie da war, weil wir kaum noch miteinander gesprochen haben. Aber das wird jetzt anders, um hundert Prozent!"
"So? Wie denn?"
Ich griff nach ihrer Hand, und da Violetta sie mir entzog, schaltete ich einen Gang höher, ich beugte mich zu ihr, verblüfft wich sie nicht aus und der Kuss war ein Treffer. Eine Wellung der Ruhe ging durch mich wie durch ein Schiff, das, soeben noch vom Sturm herumgeworfen, plötzlich in ruhiges Fahrwasser gelangt ist. "Ich habe mich entschlossen", sagte ich, "mit den Überstunden radikal Schluss zu machen. Meine ganze Freizeit gehört ab sofort dir."
"Dafür ist es doch viel zu spät". Wir küssten uns noch einmal, diesmal mit deutlichem Knistern im Gebälk. "Und was ist mit der Gartenarbeit für deinen Chef?"
"Die werde ich stark reduzieren. Ganz aufhören geht nicht. Er hat schwere Rückenprobleme, Bandscheibenvorfall, nächste Woche muss er ins

Spital. Mich jetzt abrupt zurückzuziehen, wäre einfach unschön." Ich konnte meinem Chef tatsächlich nicht aufkündigen, ohne seine Fürsprache beim Landesschulrat war ich verloren.
"Aber worüber willst du mit mir sprechen", fragte sie, "dich interessiert ja nichts!"
"Das muss eben anders werden. Man kann alles lernen. Auch den Blick auf das Leben, das Interesse an den Menschen. Mein brennender Wunsch, dass du mich wieder liebst, wird mich vor alles Lebendige wieder wie ein neugieriges Kind hinstellen." Während ich weiter meine Worte wie klingende Münzen gegen die Wand ihrer Ungläubigkeit warf, merkte ich, wie sie allmählich zerbröckelte, und dahinter die Lust, an ein Wunder zu glauben, in Violettas Gesicht erschien. Instinktiv hatte ich dem wahren Nährboden des Glaubens, dem Unwahrscheinlichen vertraut.
Von diesem Aufkeimen der Zuversicht in Violettas Gesicht ging dennoch etwas Eigenartiges auf mich über, wie auf Kinderschuhen beschlich mich ein Gefühl der Fäulnis, doch während ich mich vergebens fragte, wo genau dieses Gefühl herstammte, fiel mir plötzlich ein Mitreisender auf einer Zugfahrt ein, der, wir saßen allein in einem Abteil, an seinem Mobiltelephon die Ruchlosigkeit des Daseins zum Thema gemacht hatte. Die Geschichte, dachte ich, könnte ein Anfang sein. Ich erzählte Violetta, was ich vor einem Jahr unfreiwillig mitgehört habe. Dass ich mich durch die Privatheiten, die da ungehemmt

vor mir ausgebreitet wurden, höchlich gestört fühlte, wurde jedoch vom Gehorsam meiner Aufgabe gegenüber wohlweislich verschwiegen. Der Mann am Handy war weit über siebzig, er hatte, mit seinem Auto aus einer Hauseinfahrt kommend, einen Unfall verursacht. Von rechts kam ein Fahrzeug, das, er hatte es im Nebel übersehen, breitseit in sein Gehäuse hineingedonnert war, die missliche Folge war der gebrochene Unterarm seiner Frau. Der Schuldige war eindeutig der alte Mann. Um sich zu bestrafen, gab er das Autofahren auf und ließ sich aus den Listen der Fahrerlizenzen streichen. Eine weitere Beschneidung hat er sich nicht selbst auferlegt, sondern wurde ihm vom Schicksal zubemessen. Er besaß eine Versicherung, über deren Leistungen er aber nur ungefähr Bescheid wusste. Erst nach einigen Monaten erfuhr er, dass seiner Frau ob ihres Armbruchs eine saftige Entschädigung zugestanden wäre. Doch als der Mann um die Entschädigung einkommen wollte, war die Frist bereits verstrichen. Der Makler bedauerte. Das Unerhörte aber war, dass es sich bei dem Versicherungsagenten um den besten Freund des alten Mannes handelte, mit dem er unzählige Urlaube im Süden verbracht hatte, dem aber das Wohlergehen seiner Versicherung mehr als jede Freundschaft zählte. Auf diese Weise hat er es zwar zu einigem Reichtum gebracht, aber mit der Freundschaft zwischen den alten Männern war es vorbei. Sie sprechen kein Wort mehr miteinander.

Was hier mehr oder weniger als Abriss dasteht, schien bei meiner Frau recht gut anzukommen. Meinen Einstieg als Historiograph der menschlichen Wirrsäligkeit konnte man als gelungen bezeichnen. Das wahrhaft wohltuende Wasser auf ihre Mühlen war die Abscheulichkeit des Freundes. Dass der alte Mann wegen eines geringen Vorteils gnadenlos betrogen wurde, war die herzerfrischende Bestätigung ihres Urteils, wonach die Menschen ein von verheerender Schlechtigkeit durchseuchtes Gesindel seien. Dass sie vor ihnen immer schon zurückgewichen sei, würde durch meine Geschichte einmal mehr verständlich gemacht.
Im Dunst ihrer Angeregtheit stimmte ich Violetta freudig zu. Es ist dies auch meine ehrliche Meinung, aber ich vermied peinlich jegliches Plädoyer für die einzig vernünftige Konsequenz, sich nämlich für die Menschen ganz und gar nicht mehr zu interessieren. Ich versuchte vielmehr, genauso wie meine Frau, Freude an ihrer Verdammung zu haben. Das Schwelgen in ihrer Verachtung trieb Violetta dazu, sich die Freunde, den Makler und den alten Mann in adriatischen Gefilden vorzustellen, hingegeben sonnenseligen Urlaubsfreuden, die dem Verrat in seiner Schwere etwas Bodenloses verliehen.
Unser Gespräch hielt bis in die Dämmerung hinein an; die Schatten hatten sich im Garten schon als friedliche Schläfrigkeit festgemacht und die Wärme des Tages strich als duftender Aushauch der Blüten und Blätter durch die Küh-

le des Abends. Der Erfolg meiner Geschichte war der, dass, auch als wir später vorm Fernseher dösten, von der Scheidung nicht mehr gesprochen wurde. Sie war gewiss nicht vom Tisch, aber Violetta sprach nicht mehr davon, den Trafikanten wiedersehen zu wollen. Offenbar dachte sie die Scheidung in der Schwebe zu halten, aus der sie auf mich wie ein Damoklesschwert herunterfahren würde, falls mein Vorhaben, die Verschlagenheit des Lebens an sie heranzutragen, nur ein leeres Versprechen blieb. Es kam mir eigentlich nicht ungelegen, meine Ehe zu retten, mich dafür krumm zu legen, denn ohne meine Überstunden empfand ich mich ein wenig wie ein Ochse ohne Karren.
Ich war in den nächsten Tagen heftig unterwegs, Begebenheiten aufzulesen, die von der Pointe getragen wurden, dass sich irgendein Landsmann mit Hilfe seiner Widerwärtigkeit als besonderes Arschloch ausgezeichnet hat. Klarerweise wollte man wissen, was mich bewegt, derartige Geschichten zu sammeln. Mir fiel nichts anderes ein, als zu flunkern, ich hätte vor, ein Bändchen solcher Anekdoten zu verfassen. Natürlich erntete ich mitleidige Blicke. Es gilt unter Lehrern als die größte Lächerlichkeit, sich schreibend zu betätigen, wiewohl nach wie vor jeder dritte einen Roman in der Schublade hat, aber sich dazu zu bekennen, wirkt wie ein Offenbarungseid. Man ist dann einer, der sich eitlen Träumen hingibt, seine unter der Schulmeis-

terei verborgene Genialität durch eine belletristische Grosstat zu offenbaren.

Nichts destoweniger hatte fast jeder meiner Kollegen eine entsprechende Klamotte auf Lager. Sie zum besten zu geben, machte ihnen durchwegs großen Spaß. Ein Grund war wohl der, die Story noch einmal erzählen zu können, obwohl das zuvor schon hundertmal geschehen ist. Zum anderen kam das Vergnügen von der Schadenfreude, die von solchen Geschichten erregt wird. Allerdings freut man sich weniger, dass ein anderer der Dumme ist, sondern darüber, selber keiner sein zu können, weil die Rolle bereits besetzt ist. Die frohe Botschaft ist die: jeder Schaden, der sein Ziel erreicht hat, kann bei mir nicht mehr tätig werden.

Meine Frau mit diesen Dramen der Niedertracht zu unterhalten, ließ sich augenscheinlich recht fruchtbar an. Ich erzählte ihr jeden Tag eine Geschichte, in der sich das Leben zu irgendeinem Aberwitz, zu einer Schlappe oder zu einer Böswilligkeit verdichtet hat. Das Erstaunliche war, dass Violetta dieser Miniaturen des Elends nicht überdrüssig wurde, sie wurde nicht müde, die Menschen stets von neuem als durch und durch bösartiges Geschlecht zu verdammen, und es bedeutete für mich keine geringe Anstrengung, ständig in diese Verurteilung freudig miteinzustimmen und zusammen mit ihr die Litanei der menschlichen Verwerflichkeit herunterzubeten.

Ungefähr nach einer Woche des angeregten Erzählens ging ich, weil der Wagen beim Service war, zu Fuß nach Hause. Als ich in meine Gasse einbog, eine Sackgasse nach dem Maler Spitzweg benannt, blieb ich für eine Weile stehen, um den Anblick der Waldzeile auf mich einwirken zu lassen. Am Anfang der Gasse zu stehen und die Grenzen der Grundstücke entlang in die Flucht der Birken und Platanen, der Akazien und Kastanien hineinzusehen, war für mich immer ein Moment der Verhebung in eine andere Welt. Von da weg war es kein Gehen mehr, sondern ein Schweben, das mich nach Hause trug. Ungefähr in der Mitte wuchsen die Laubbäume zu einer Überdachung zusammen. Durch das lauschige Gewölbe hindurchzuschreiten, erweckte in mir stets das Gefühl des Eintauchens in die Zutraulichkeit, das hässliche Getriebe draußen fiel von mir ab und ich trat in ein blättriges und blütenhaftes Dasein ein, das niemand anderen als die Sonne respektierte.

Aber diesmal wurde meine Auflösung in eine lichtdurchflutete Zerstreutheit durch einen unerwarteten Schrecken gestoppt. Was ich gewahrte, war so ungewöhnlich, dass ich zunächst an eine Sinnestäuschung glaubte. Meine Frau schlug vor unserem Gartentor mit einem Reisbesen auf einen Schwarzen ein. Der massige Jüngling hatte sich schon auf sein Fahrrad geschwungen und versuchte, kräftig in die Pedale tretend, den Schlägen geduckt und mit Abwehrbewegungen einer Hand zu entkommen. Dabei gab er ein Geschrei von sich, das radikal unverständlich war. Und auch dem Gekreisch, das

Violetta ihm nachsandte, war nichts wörtliches, sondern nur ein aufs höchste erregter Zorn zu entnehmen. Als der Schwarze an mir vorbeifuhr, zischte er mir etwas zu, das ich erst im Nachklingen als "completely crazy" entschlüsselte.
"Mir ist einfach der Kragen geplatzt!", schleuderte mir Violetta entgegen und zum Zeichen stieß sie wutschnaubend den Besenstiel auf den Asphalt, um mich so erstarrt als Mahnmal der Aufgebrachtheit zu empfangen. Es roch beim Gartentor eigenartig nach Erde und Wald, ich dachte an einen Dschungelodem, an eine Duftmarke, die möglicherweise der Afrikaner abgesetzt hatte.
"Was um Himmels Willen ist denn passiert?", fragte ich, nachdem ich begriffen hatte, dass von ihrer Zornespose keine diesbezügliche Auskunft zu erwarten war.
"Ich habe dem Neger erklärt", hieb sie mit den Armen durch die Luft, "dass wir keine Werbung brauchen. Hier ist deutlich zu lesen: Reklame, nein danke! Aber der Mensch tut so, als ob er mich nicht versteht und stopft ungerührt einen Papierwisch nach dem anderen in den Briefkasten. Da hab ich plötzlich rot gesehen und bin auf den Strolch mit dem Besen losgegangen. Der erste Hieb landete voll auf seinem Schädel!"
"Aber das ist doch sonst nicht deine Art! Was ist denn in dich gefahren, dass du auf einmal so aggressiv geworden bist?"
"Ich weiss auch nicht", sagte sie bekümmert, "wo das so mir nix dir nix hergekommen ist. An

sich mag ich die Schwarzen. Ich schau ihnen gerne zu, wenn sie mit ihren Prospekten am Arm durch die Gasse gehen. Sie sehen so traurig und verloren aus, dass einem ganz feierlich ums Herz wird. Aber wie der so tut, als wär' ich ein Furz im Wald, da war's ruckzuck mit der Feierlichkeit vorbei. Ich hab mich plötzlich furchtbar betrogen gefühlt. Neger sind gar nicht traurig, sie halten uns einfach für Idioten, die man nicht ernst nehmen muss."

Während ich an einem Gartentisch eine Kleinigkeit zu mir nahm, stocherte ich ein wenig in den Gründen ihrer Explosion herum, fürsorglich fragte ich Violetta nach geheimen Ängsten vor Schwarzen, die plötzlich in ihr aufgebrochen sein könnten. Ich fragte sie nach verborgenen Abneigungen, die von der größeren Vitalität der Rasse, von ihrem Ruf herrührten, über magische Lebenspraktiken zu verfügen. Im Grunde sind sie uns doch unheimlich, weil sie in die Wirklichkeit stets den Umgang mit Geistern, mit ihren Ahnen hineinmischten.

Mit diesen Fragen beabsichtigte ich, sie gleichsam heiß auf meine heutige Geschichte zu machen, denn Violetta war nichts peinlicher, als sich mit sich selber zu beschäftigen, auf den Grund ihres Gemüts zu blicken. Wurde sie vor das Guckloch nach innen gezerrt, machte sie stets den Eindruck eines gequälten Schulmädchens, von dem man bei einer Prüfung Dinge wissen wollte, die im Verstand des Kindes nicht einmal den Nebel entfachten, hinter dem sie

verborgen sein könnten. Genau so ging es Violetta. Es war zu fürchten, dass sie von der vergeblichen Anstrengung, sich eine von Geistern durchtränkte Realität vorzustellen, in der nächsten Sekunde ohnmächtig zusammenfällt. Meine Bemerkung, heute eine interessante Geschichte gehört zu haben, war daher so was wie Manna vom Himmel. Es war buchstäblich ihre Erleichterung, die mir mit einem glücklichen Lächeln sagte, dass sie mich liebe. Im Übrigen stammte meine Geschichte nicht von einem Kollegen, sondern just aus der Trafik des Geliebten meiner Frau, von dem ich hoffte, dass er auf dem besten Wege war, endgültig ein Exgeliebter zu werden. Ich wollte ihn mir einmal ansehen, ein schlanker Mensch mit sanftmütigen Augen, dem sofort abzusehen war, dass er ein Vegetarier war. In der Trafik lauschten mehrere Hausfrauen einer Beziehungsfarce, die eine von ihnen, ungerührt meiner Anwesenheit, zum Vortrag brachte.
Es ging um einen Mann, der als Vertreter einer Maschinenbaufirma beschäftigt war, die alle Arten von technischen Betrieben mit Fertigungsgeräten ausstattete. Solange die Konjunktur eine gute war, ging das Geschäft praktisch von selber, zumal die Produkte konkurrenzlos waren, aber als es enger wurde und die Not von Verkaufsfähigkeiten ins Haus stand, war der Mann, ein fürchterlicher Dampfplauderer und Lügenbold, heillos überfordert. Es kam, wie es kommen musste, er wurde gefeuert, und da er mit 45 Jahren bereits in jener Altersklasse hielt,

die auf dem Arbeitsmarkt unvermittelbar war, sah es für den notorischen Angeber finanziell ziemlich finster aus. Sein kümmerliches Arbeitslosengeld reichte nicht einmal für die Miete seiner luxuriösen Bleibe, geschweige für die Raten, die seine Lancia-Limousine monatlich verschlang. Dennoch führte er weiter seine Weiber in teure Lokale, flog mit ihnen zu den Sonneninseln im fernen Pazifik und tat alles, um zu verhindern, dass seine Garderobe auf Clochardniveau herabsank; kein Wunder, dass er Schulden hatte, die zum Fenster hinauswuchsen.

Zu seinem gesellschaftlichen Umgang gehörten auch ein Internist und eine Neurologin, ein Ehepaar, das ihn als Hausfreund führte. Ob der Ehemann wusste, dass der Bursche der Geliebte der Gattin war, ist nicht gewiss, sicher ist, dass sie keine Ahnung hatte, dass er auch ein Verhältnis mit ihrem Ehemann pflegte. Trotz dieser innigen Bindung waren die Ärzte imstande, vorübergehend auf den Vielgeliebten zu verzichten und flogen in alleiniger Verantwortung in den Urlaub. Um ihre Villa nicht ganz ohne Aufsicht zurückzulassen, gab man ihm die Schlüssel, damit er von Zeit zu Zeit nach dem rechten sehen sollte. Unser Held, nicht faul, grub die Sparbücher aus und plünderte sie bis auf den letzten Groschen. Die dazu nötigen Losungsworte entnahm er einer Liste, die seinem, von Schulden geplagten Spürsinn nicht verborgen blieb. Als das Ehepaar zurückkehrte, bedauerte der Bursche, selbst seine nahezu täglichen Kontrollen konnten einen Einbruch nicht verhindern. Als man die Bank aufsuchte, hatte man aber Glück. Einen Tag bevor die Aufzeichnung der Schalterbewegungen vernichtet wurde, offenbarte die entsprechende Videorolle den Hausfreund als Kunden, der sich in aller Seelenruhe fast eine Million ausbezahlen ließ. Abermals bedauerte der Bursche, seine Schulden hätten das schöne Geld gnadenlos aufgefressen.

Nun, damit wollte man ihn nicht durchkommen lassen, man zerrte ihn vor den Kadi, der ihn trotz seiner Unbescholtenheit, seine Jugendstrafen zählten nicht mehr, aber angesichts des krassen Bruches an Vertrauen ohne wenn und aber zu einem halben Jahr Kerker verdonnerte. Damit war jedoch der Liederlichkeit noch nicht genug, die seltsamste Wendung sollte noch kommen. Nachdem er seine Strafe heruntergerissen hatte, man ahnt es schon, schloss das Ehepaar den Unglaublichen erneut in seine Arme, um unter dem Schild des Hausfreundes wieder sein sekretierendes Walten zu genießen. Zum Drüberstreuen an der Geschichte aber war, dass die Hausfrau, die sie erzählte, sie von einer illuminierten Wirtshausbekanntschaft erfahren hat, die mit dem windigen Bruder eine nominelle Ehe eingegangen war, um als leitende Angestellte der Pensionsversicherung unbehelligt ihren lesbischen Neigungen nachgehen zu können.

Dieses traumhafte Personal war eine unwiderstehliche Aufforderung, beim Niedermachen in die Vollen zu greifen. Diesmal war ich es, der als erster ins Horn stieß, um zum gemeinsamen Abkanzeln zu blasen. Der hoffnungslos haltlose Held interessierte mich allerdings wenig. Geliebte und Freunde zu verraten, ihnen das Weiße aus den Augen zu holen, jegliches Vertrauen zu vergewaltigen, entlockte mir als Repertoire gängiger Zeitgenossenschaft nicht einmal ein Gähnen, aber das Verhalten des Ärztepaares abzuschlachten, war für mich ein reines Vergnügen. Es gibt ein Schäumen der Abscheu in uns, für das man sein Erbrecht verspielt. Der Untergang des Abendlandes führt eindeutig über Sodom und Gomorrha. Das waren keine Menschen mehr, sondern in der Tat Götter in Weiß! Wie heruntergekommen und gelangweilt musste man sein, um zur Elite des Landes zu zählen. Man war tatsächlich von Lebensekel eingeschnürt, gab es nichts anderes mehr, als sich im Dreck zu wälzen, um aus der erbarmungslosen Öde seines Lebens noch einen Funken an Lust herauszuschlagen. Auch das wütendste Gegeneinanderhämmern der Leiber konnte einem keine Brunft mehr entlocken, es sei denn, man hurt mit der Gewissenlosigkeit selber, die aber auch nur wirkt, so sie zur Vorstellung hochgepuscht wird, mit seinem eigenen Mörder im Bett zu liegen, der nicht zögert einen umzubringen, wenn das Leben dadurch gemütlicher wird. "Also, ich für meinen Teil", sagte ich abschließend, "ich kann nur auf ewige Gesundheit hoffen. Nach dieser in alle Ewigkeit nicht zu vergessenden Geschichte

in die Hände auch nur eines Dorfbaders zu fallen, würde für mich das Todesurteil bedeuten."
Ich hatte meine Rede, quasi eine Ausspeiung der Epoche, vor allem deshalb geendigt, weil mich meine Frau beunruhigte. Statt über meine Worte in Hitze, in das ihr eigene seelenvolle Schnaufen zu geraten, verfiel sie in eine wehmütige Sentimentalität, die ich an dem Hervortreten ihrer Augen erkannte. Ein wässriges Glotzen nach nirgendwo, ein Schauspiel, dem ich, als es rotblühender Ginster feierlich umrahmte, fasziniert ins Auge sah. Mein Verstummen rüttelte sie aus ihrer verträumten Verkleisterung. "Aber die Liebe", hauchte sie entgeistert.
"Was meinst du mit ... die Liebe?"
"Es muss doch eine unwiderstehliche Sehnsucht nach Liebe gewesen sein", sagte sie bestimmt, "die die Ärzte bewegt hat, den Dieb wieder aufzunehmen und ihm zu verzeihen. Ich stell mir das sehr spannend und ergreifend vor."
"Und wieso haben sie den Geliebten in den Kerker geworfen? Da ist keine Liebe im Spiel, sondern der pure Drang nach Perversion. Die Selbstachtung wird immer von der Perversion in den Dreck gezwungen. Du denkst da naiv, meine Liebe!"
"Dann bin ich eben naiv!", sie erhob sich in einer Art Aufstampfen vom Gartentisch, "aber ich weiß, was ich weiß!"
Ich kann nicht sagen, warum, aber in diesem Augenblick wusste ich, dass ich verspielt hatte, dass all meine Geschichten nichts gefruchtet

haben. Schon während ich über die Ärzte hergezogen war, hatte ich wieder diesen erdigwäldernen Geruch wahrgenommen, den offenbar meine Frau verströmte. Er erinnerte mich an etwas, das aus einer tiefen Vergangenheit heraufzukommen schien. In mir blitzte die Idee auf, der Geruch hat ein Glas vor mein Auge geschoben, durch das dem Gesicht meiner Frau ein schmerzliches Entbehren abzusehen war. Da sie in den Supermarkt zu gehen wünschte, wollte ich mit ihr kommen, um von diesem Duft, von seinem Geheimnis nicht abgeschnitten zu werden. Mein Entschluss, sie zu begleiten, löste in ihr einen momentanen Schrecken aus. Sie hielt in der Bewegung inne und schnellte ihre Hand abwehrend hoch. "Nein, das geht nicht!", entfuhr es ihr und der Mund blieb ihr offen.
"Warum nicht? Ich hab dir doch versprochen, dass ich immer um dich sein werde. Also können wir auch zusammen einkaufen gehen."
"Wenn du meinst", sagte sie nach einer Weile mit einem schüchternen Lächeln. "Warum nicht, es ist ohnehin alles egal", fuhr sie fort und hatte auf einmal bleich erregte Wangen. Mich beschäftigte der Geruch, wahrscheinlich eine Halluzination, so sehr, dass ich gar nicht fragte, was alles egal sei.
Auf der Fahrt schnupperte ich allerdings vergeblich nach Walderde oder sonst Mysteriösem, doch während wir in der riesigen Halle des Supermarkts unter den vielen Menschen unsere Runden drehten, war der Geruch wieder da. Er

hob uns aus dem Reden und Rufen, aus der flachen Jahrmarktsmusik auf eine Insel unerklärlicher Gespanntheit. Und plötzlich, als fiele ich durch ein Loch aus der Umgebung in das Dunkel unserer ersten Wohnung zurück, wusste ich auch, wo ich diesen herb erdigen Geruch vor Jahren verspürt habe. Meine Frau war damals mit unserem Sohn schwanger. Ich kam nach Hause, als sie vergeblich versuchte, ihren Arzt anzurufen. Es verlangte sie nach beruhigenden Medikamenten, da sie sich ihrer Angst und ihrer Nervösität nicht mehr gewachsen fühlte. Dabei war dieser Geruch nach Erde und gefällten Bäumen um sie. Ich nahm sie in die Arme und aus meinem besänftigenden Geraune wurde ein Versinken in einer Umarmung auf dem Teppich. Wir waren danach noch stundenlang von einander erfüllt. Aber dieser besondere Geruch ist mir nie wieder begegnet.

Angezogen von einem Satz Küchenmesser hatte ich mich ein wenig von Violetta entfernt, die Reihe der Klingen, ein eindrucksvolles Wappen der Mordlust, erinnerten mich an die schartigen Dinger zu Hause und weiter daran, was man in meiner Kindheit über ein stumpfes Taschenmesser sagte, dass man darauf nämlich bis nach Rom reiten könne. Während ich mich fragte, warum gerade ins Zentrum der Christenheit, sah ich, wie meine Frau, sie blickte mich dabei direkt an, ein Parfumflacon in ihre Jackentasche gleiten ließ. Eine fließende unauffällige Bewegung. Als erstes dachte ich an einen Irrtum, ver-

ursacht durch Geistesabwesenheit, aber ihr verschwörerisches Augenrollen dementierte diesen Gedanken; als zweites fragte ich mich seltsamerweise, wieviel Geld uns der Diebstahl ersparte, ehe ich von Panik ergriffen, meinen Blick rund gehen ließ, ob sie jemand beobachtet hat. Offenbar niemand. Business as usual.
Ich wollte zu ihr hineilen, sie hielt mich jedoch durch den Einkaufswagen von sich fern, machte sich an mir vorbei, wandte sich durch die Regalgassen und fuhr auf die Kassa zu. Vor ihr standen drei Kunden mit ihren Karren und ich zischte ihr von hinten ins Ohr, das Ding sofort zurückzugeben, noch sei Zeit, aber sie reagierte nicht. Meine Finger, die ich an die Stirne legte, waren eiskalt. Was mir in den Kopf wollte, kam dort gar nicht an, er war besetzt von einem säuselnden Blätterrascheln. Ich versuchte meinen Atem so flach wie möglich zu halten. Violetta ordnete mechanisch unseren Einkauf auf das Rollband. Als wir dran waren, bat ich betulich in der Art des kontemporären Konsumgatten, sie möge vorgehen, um die Waren wieder in die Karre zu packen, ich werde zahlen. Violetta sagte mir ein spöttisches Danke. Ihre Souveränität verhinderte aber nicht im mindesten, dass mir, wie man in meiner Kindheit sagte, der Reis auf tausend ging. Angelegentlich betrachtete ich die springenden Finger der Kassiererin und schaute auf die im Display grün erscheinenden Zahlen. Unter meiner stählernen Harmlosigkeit fühlte ich mich wie ein Körper aus heißem Dampf, der

von Messern durchschnitten wird und atemlos wartet, wann die Schmerzen der Schnitte losbrechen werden. Eine Szene aus einem Buch über Stalin schoss mir ein. Ein Funktionär war zu ihm befohlen worden, nachdem er die Audienz ohne Todesurteil überstanden hatte, brach er mit entleertem Darm in der Hose im Vorzimmer zusammen.

Meine Erleichterung, als ich das Wägelchen über den Parkplatz schob, war phänomenal; ein Glücksgefühl wie auf einem Bauernweg an einem taufrischen Sommermorgen. Vor mir lag die Zukunft wie eine Wanderung unter einer silbrigen Sonne in die erwachende Lebenskraft hinein. Das Bonbon, das mir Violetta in den Mund schob, war von himmlischer Süße. "Warum hast du das gemacht?" fragte ich.

"Das mache ich schon lange. Bei jedem Einkauf lass' ich was mitgehen."

"Bist du", heulte ich auf, dämpfte mich aber sofort zum Flüstern herunter, "bist du wahnsinnig? Du bist eine Diebin!"

"Was glaubst du, wo ich das Geld herhabe", und strich mir die Falten auf meiner Stirne glatt, "wo sonst kommt das Geld her, das ich immer wieder unserem Sohn nach Krefeld schicke. Das erspar ich mir auf diese Weise."

Drei Wochen später war es dann so weit. Nach erledigter Bezahlung zogen wir wie üblich mit unserem Wagen von der Kasse ab, als zwei Männer mit der bedeutsamen Frage an uns herantraten, ob wir so freundlich sein würden, ih-

nen nach nebenan zu folgen. Ich hatte mir diesen Augenblick so oft ausgemalt, dass ein körperlicher Zusammenbruch nach dem Gesetz der ausgedachten Vorwegnahme gar nicht eintreten konnte, die unbeantwortbare Frage, was in mir vorgeht, sperrte mich stattdessen in eine Kammer nebliger Fühllosigkeit ein. Um irgendwie meine Präsenz selber zu erfahren, fragte ich ganz ruhig, was es denn gäbe? "Das wissen Sie ganz genau", sagte der ältere der beiden, "als gebildeter Mensch kennen Sie gewiss Hemingway. Wem die Stunde schlägt."
"Ich würde Ihnen raten", liess sich darauf der jüngere vernehmen, "auf jeden Fluchtversuch zu verzichten. Wir sind bestens trainierte Freizeitsportler!"
"Ich schäme mich so entsetzlich", weinte Violetta nahezu und klopfte sich dabei vor die Brust. "Es ist mir alles unerklärlich."
Später bewunderte ich meine Frau, sofort zu einer Rolle gegriffen zu haben, sofort auf ihr bestes Stück, ihre mütterliche Brust gezeigt zu haben, auf ein Körperteil, dem ein Appell zur Schonung innewohnte. Sie hatte ihre diebische Laufbahn vor einiger Zeit unbeabsichtigt eröffnet. Durch das schadhafte Gitter des Einkaufwagens war eine Käseschachtel auf den unteren Rost bei den Rädern gefallen. Das ersparte Geld hatte sie auf den Geschmack gebracht, eigentlich zurück zu einer Übung ihrer Mädchenzeit, in der sie sich an unliebsamen Schulkolleginnen zu rächen pflegte, indem sie ihnen etwas stahl, das

sie vernichtete. Sie wie ein Seelendoktor deutend, bekam ich nach und nach heraus, was es mit ihrer verzweifelten Leidenschaft auf sich hatte. Den Ladendiebstahl empfand sie genau so als Rache, zum einen an den Supermarkt-Imperien als Nutznießer einer Bevölkerung, die selbstverschuldet oder nicht an der Konsumnadel hing, zum anderen an meiner Person. Die Angst, erwischt zu werden, hielt sie immer wieder mit der Genugtuung im Zaum, ich würde, stand sie als Diebin fest, dann zu erkennen haben, was ich aus ihr gemacht hatte, eine vereinsamte Gattin, eine Mutter, deren Kind von ihrem Mann aus dem Haus verbannt worden war.

Das Stehlen wurde sehr bald zum eigentlichen Motor ihres Lebens, die Erregung an der Kassa zum Höhepunkt des Tages. Jedesmal erfüllte sie in der Schlange die gespannte Frage, was hat das Schicksal mit mir vor, stehe ich noch in seiner Gunst oder werde ich fallengelassen. Alle Fasern ihres Fühlens standen in diesem Moment in einem aufpeitschenden Kontakt mit einer überirdischen Macht. War sie mit ihrer Beute entkommen, hatte sie stets das Gefühl, etwas erhalten zu haben, was ihr zusteht, als Belohnung, dem Druck der Gefahr widerstanden zu haben, sich erfolgreich, auf ganz eigene Weise gegen den generellen Betrug zur Wehr gesetzt zu haben. Erst durch dieses Geheimnis wurde sie sich selber unverwechselbar, erst das Überschreiten des Verbotenen gab ihr das Gefühl, wirklich jemand zu sein, innerhalb des Erlaubten war sie ein gleichgültiger Jemand, von dem sie sich wunderte, es so lange mit ihm ausgehalten zu haben. Der Diebstahl speiste sie wie ein Kraftwerk. Alles Gedeihen im Garten schien ihr von der Energie zu kommen, die ihr das verbotene Tun, sein Gelingen zuführte.

"Ja, aber", lautete meine zwangsläufige Frage, "hat es da gar keine Stimme des Gewissens gegeben? Bist du dir nicht selber unheimlich geworden, dass du durch die fortgesetzte Dieberei die menschliche Gemeinschaft verlassen hast?"

"Im Gegenteil! Durch das Stehlen bin ich der Gemeinschaft erst beigetreten. Es ist doch so, dass jeder stiehlt. Deine Überstunden haben dir doch auch keine Schmerzen verursacht, obwohl du mich dadurch um dich gebracht hast, obwohl sich unser Sohn deshalb von uns abgewendet hat, obwohl du dadurch irgendeinen arbeitslosen Lehrer um sein Brot gebracht hast!"

"Willst du damit sagen", antwortete ich nicht unbeeindruckt, "dass unsere Gesetze nichts anderes sind als der Versuch, in das allgemeine Übervorteilen ein wenig Ordnung hineinzubringen?"

"Ach was! Das ist mir doch egal! Ich habe ein Recht zu stehlen! Aus reiner Notwehr. Und außerdem hast du auch davon profitiert!"

"Du meinst", sagte ich, "weil es dir dadurch gut gegangen ist, habe ich an meinem Irrtum festhalten können, dass du ein stilles zufriedenes Leben führst?"

"Das meine ich nicht!", schüttelte sie energisch den Kopf, "ich habe dich nicht verlassen, weil ich ohne dich, weil du mir was schuldig bist, nicht stehlen kann. Mit dem Trafikanten verheiratet zu sein und weiter zu stehlen, wäre gänzlich sinnlos gewesen. Aber nicht mehr zu stehlen, hab ich mir auch nicht vorstellen können."
"Aha", sagte ich verwirrt, "da muss ich nachdenken darüber." Durch die Fülle dessen, was mir meine Elster eröffnet hat, war ich einigermaßen erschöpft. Ich fühlte mich wie von einer Ladung Kohlen zugeschüttet.
Um mich gleichsam freizuschaufeln, ging ich hinaus in den Garten, über dem sich indigofarbene Wolken ein geheimnisvolles Stelldichein gaben, ich ging in unsere Allee, eine Doppelreihe kleiner Tannen, Föhren und Zirben, die, vor Jahren angelegt, inzwischen zu größeren Christbäumen angewachsen waren. Zwischen den nadeligen Kegeln auf- und abzustreunen, erinnerte mich stets, trotz des ebenen Weges, ans Gebirge, der Geruch nach Nadeln und Harz schmeckte nach Höhenluft, durch die, besonders nach der zermürbenden Schule, regelmäßig Abkühlung und Gelassenheit in mich flossen. Die Allee lief auf eine mächtige dunkle Eiche zu; aus deren fächernden Blättern sich ein dichtes Rauschen wie ein Klangschirm über die jungen Bäume legte.
Je länger ich über meine Frau nachdachte, über ihr waghalsiges Treiben, umso mehr musste ich mir eingestehen, dass sie, wie man in meiner

Kindheit anerkennend sagte, doch tatsächlich ein Hund war! Tapfere kleine Kämpferin, die sich nicht unterkriegen ließ! An Tagen, an denen sie untätig blieb, hatte sie mir einbekannt, empfand sie sich leer und war unzufrieden mit sich, weil sie nichts gespart hatte. Recht besehen, besaß sie ein erstaunliches Gefühl für Leistung, für unsere Pflicht, etwas auf die Füße zu stellen, das uns Überwindung kostet. Und sie protestierte tatsächlich gegen den Stumpfsinn der Zeit an ihrem heiligsten Ort. Was ist ein Supermarkt weiter als eine Kirche, die der Sinnlosigkeit geweiht ist. Und wie herrlich hintergründig ging es doch wiederum unter meinem Dache zu! Dass es Violettas Besessenheit war, die sie an mich kettete, war eine Fügung, vor der ich nur staunend in die Knie gehen konnte, aus dieser Dramaturgie sprach die Autonomie des Lebens, die nicht einmal von einer so verkommenen Zivilisation wie der unseren zu verhunzen war.

So versunken in Gedanken wandelte ich auf meiner privaten Alm hin und her, als Violetta aus der linken Baumzeile heraus plötzlich vor mir stand. Gewiss spielte der Kummer in ihrem Gesicht eine Rolle, aber dennoch war ich überrascht, und zwar völlig, mich aus dem Stand heraus sagen zu hören, dass ich sie in Zukunft nicht allein lassen werde.

"Wie, was?", war ihr Kopf ein fragendes Rucken, obwohl ein Leuchten zugleich in ihrem Gesicht aufging.

"Ich werde dich in Zukunft im Supermarkt unterstützen!" Das Wort Stehlen brachte ich nicht über die Lippen. Was wir an diesem Abend sprachen, ist mir so genau nicht mehr erinnerlich, es ist auch nicht so wichtig, denn was die Menschen miteinander reden, daran sind wir nur minder zu erkennen, wichtig ist vielmehr, dass unsere angeregte Zweisamkeit bis in die träumende Dunkelheit des Gartens hinein, nur erhellt von einer Laterne, den Auftakt zu einem Zusammenwachsen unserer Seelen bildete, dessen Innigkeit an die des Kyrie Eleisons der größten Kirchenkomponisten mühelos herankam. Wir stahlen wie die Raben.
Lebens- und Genussmittel, den gesamten Bedarf für Bad und Waschmaschine, das begehrte Messer-Set nicht ausgenommen, das ich in einem eigens präparierten Mantel verschwinden liess. Ja sogar Kleidungsstücke wurden von unserer Kunstfertigkeit nicht verschont. In unseren Schränken stapelten sich Hemden, Unterwäsche, Jeans und Schuhe. Als die Kästen nichts mehr fassten, gingen wir dazu über, die frisch gekaperte Ware, noch eingeschnürt in die zum Zerreissen gespannten Nervenfäden, in die Sammelbox des Roten Kreuzes vor dem Markt zu stecken. Mein Trieb, die Angst zu überwinden, kannte keine Gnade, jeder Tag, an dem das Unerhörte nicht geleistet wurde, war ein verlorener Tag. Die Maschinerie des Diebstahls, an die ich mich angeschlossen hatte, ersetzte mir völlig die Fron in der Schule. Ich spürte wieder den Anruf

des Daseins, mich durch Gefahr und Schrecken zum Sieg hindurchzukämpfen. Es war ein Aufblühen zum Fürchten, da es der Euphorie glich, die vom Tod her in unsere letzten Tage strahlt.
Gestern machte ich jedoch eine merkwürdige Beobachtung. Ich stand am Fenster des Konferenzzimmers und schaute hinunter auf den staubigen Platz vor der Schule, über den sich eine Meute von Schülern unter Gejohle und Gebalge zu ihren diversen Fahrzeugen unter der Welleternit-Überdachung hinüberwälzte. Mit einem mal überkam mich so etwas wie Mitleid mit den hoffnungslosen Kreaturen. In väterlicher Sorge hätte ich am liebsten jeden bei der Hand genommen und ihn gebeten, doch daran zu denken, was in ein paar Jahren sein wird. Deine ganze herrliche Dummheit wird dich nicht davor bewahren, unglücklich, verloren und einsam vor deinem zerrschellten Traum zu stehen. Der Hass auf meine Schüler war verschwunden, ich sah in ihnen dumpfe Geschöpfe, die keine Ahnung hatten, dass sie allein, um hingeopfert zu werden, ins Leben gerufen worden waren. Diese Anwandlung, der ich mich dankbar hingab, hatte, das fühlte ich sehr bestimmt, mit meiner Existenz als Dieb zu tun. Ich war mit der Welt auf gleich, ich lebte von der Höhe herab, ihr die Verletzungen, die sie mir zugefügt hat, erfolgreich und in Permanenz zurückzugeben. Felsenfest stand der Vorsatz in mir, meinen Schülern in Hinkunft mit mehr an Zuwendung und Verständnis zu begegnen. Leider wird es dazu nicht

mehr kommen, denn inzwischen war ich an einem Ort gelandet, wo ich gezwungen war, alle Hoffnung auf das versöhnliche Wirken der lustvollen Entwendung fahren zu lassen.
Der Raum, in den man uns eskortiert hat, war fensterlos, neonerleuchtet, von einer Kahlheit, die jeder Ablenkung unhold war und dennoch keinerlei Klarheit in meinem Kopf zuwege brachte. Violetta kauerte auf einem der Stühle an der Wand und schämte sich weiter weinend in ihr Taschentuch hinein. Mir war aber, als wäre ihr Schluchzen ein hinterhältiges Lachen. Der ältere Mann sass hinter einem blanken Tisch, auf dem unsere gestohlene Ware einen ansehnlichen Haufen bildete. Es wurde kein Wort gewechselt, denn wir warteten auf den jüngeren Detektiv, der um spezielle Unterlagen gegangen ist. Um mich an irgendetwas festzumachen, stellte ich mir die Frage, ob es das war, was ich gewollt habe? Im Kreis gehend, sass die Unbeantwortbarkeit dieser Frage in mir, und zwar als dichte Wolke, in die ich vergeblich hineinhorchte.
"Was ich gerne wissen möchte", sagte der Mann in die Stille hinein, "wie fühlt man sich, wenn man bei so etwas erwischt wird?"
"Das müssten Sie", sagte ich mit einem Blick auf das geheime Kichern Violettas, "eigentlich besser wissen. Sie haben doch täglich entsprechende Kundschaft vor sich."
"Na, das kann ja heiter werden", antwortete er - merkwürdigerweise aufmunternd in Violettas Richtung. Seine Vorstellung von Heiterkeit ent-

sprach dann nicht ganz der meinen, aber von einer steifen Vernehmung konnte auch nicht die Rede sein, stattdessen mündete unser Gespräch in eine Konfrontation, wie sie realitätstüchtigen Menschen zueigen ist. Als der jüngere Mann angetrabt kam, versperrte er sorgsam die Tür hinter sich, und legte uns eine Reihe von schriftlichen und visuellen Aufzeichnungen vor, die besagten, dass wir schon länger unter Beobachtung standen. Zudem war es nicht nötig, uns durch Dokumente vorzustellen, man wusste über unsere Identität bestens Bescheid. Meine Frage, warum man uns nicht sofort dinghaft gemacht hat, wurde nicht beantwortet, sondern mit einem verschmitzten Lächeln von jung und alt kommentiert. Dennoch verstand ich. "Wieviel?", fragte ich und zückte meine Brieftasche.
"Nicht so hastig", wehrte der Verhandlungsführende hinter seinem Tisch ab. "Unsere Kooperation ist etwas motivierungsbedürftig. Sie genießen zwar als Beamter eine gewisse kriminelle Narrenfreiheit, selbst gewohnheitsmäßiger Ladendiebstahl ist noch kein Grund, Sie aus Ihrem definitiven Dienstverhältnis zu verjagen, aber nach unserer Erfahrung dürfen Sie eine Verbannung in eine unwegsame Gegend erwarten. Allerdings ist das Leben an einer Schule in der Hinterwelt für einen notorischen und vorbestraften Dieb ein fortgesetzter Spießrutenlauf. Noch unangenehmer wird von unserer Kundschaft, wie Sie Ihresgleichen nannten, die Tatsache

empfunden, dass Ihre Ehrbarkeit in der gesamten Nachbarschaft zu einem heissen Thema ..."
"Ist schon gut", unterbrach ich seine Eloquenz, "wieviel!?"
"Die Summe, die ich Ihnen nennen werde", trat der Sprecher an mich heran, "die Summe ist unverhandelbar. Wir haben uns über Ihre Vermögenslage kundig gemacht. Die Fortsetzung eines ruhigen Lebens, frei von Schande und Demütigung, so denken wir, müsste Ihnen eine halbe Million wert sein."
Meine Reaktion war wieder einmal die, mich im vollen Schwalle zu übergeben. Offenbar eine Vorkehrung meines Magens, Ausweglosigkeit im Schnellverfahren zu erkennen. Violetta lachte hellauf, trotzdem bat sie, die Verunreinigung zu beseitigen, um Lappen und Wasser. Man dankte. Dafür sei der Putzdienst zuständig. Kurzum, wir verließen den Raum als freie Menschen mit dem Bescheid, man werde mich anrufen, morgen schon, um mir Zeit und Ort der Geldübergabe mitzuteilen.
Zwei Tage später fragte ich meinen Chef, wie meine Sache beim Landesschulrat stünde. "Gar nicht so schlecht", ließ er sich wieder in sein Direktionsleder plumpsen, "die Polizei ist unter Umständen bereit, deinen Akt verschwinden zu lassen."
"Wieviel?"
"Musst du mit den Herrschaften selber ausmachen. Aber, wenn du willst, kannst du deine Überstunden wieder zurückhaben."

"Das wäre mir sehr recht", sagte ich ergeben.
"Du wirst das Geld brauchen."
"Ich weiß ohnehin nicht, was ich mit mir anfangen soll. Violetta will sich von mir scheiden lassen."
Als ich Violetta nach dem Abgang aus dem Verlies des Großkaufhauses gefragt hatte, ob ich auf die Erpressung tatsächlich eingehen soll, zuckte sie nur mit den Achseln. Nach einer Weile sagte sie die seltsamen Worte, unsere Träume vom Glück seien so abgegriffen, wie das Geld, mit dem wir es kaufen. War sie verrückt geworden? Als sie am nächsten Morgen keine Wurst und zu Mittag kein Fleisch verzehrte, stellte ich ihr die Frage, wie lange sie noch meine Ehefrau sein werde? Die Antwort war wieder ein Achselzucken. Rätselhafte Frau. War der Ernst ihres Wesens von einer Attacke des Humors endgültig niedergestreckt worden, dass sie nicht widerstehen konnte, meinem Disaster die tragikomische Pointe aufzusetzen, sich nun doch mit dem vegetarischen Trafikanten zu vereinigen. "Es ist noch nicht fix", sagte ich müde zu meinem Chef,
"aber viel Chancen sehe ich nicht, dass meine Frau bei mir bleibt."
"Das tut mir leid. Komm, trinken wir einen und sprich dich einmal ordentlich aus!" Als er zu einem Schrank beim Fenster ging, blickte ich in seinen breiten gekrümmten Rücken, an dem die Schultern wie zwei tote Tiere von seinem Specknacken herunterhingen. Von hinten machte er einen gebrochenen Eindruck. Ich fragte

mich, wie eine ordentliche Aussprache zwischen zwei Menschen aussehen sollte, die von ihrem Fleiß zu Ruinen gemacht worden sind. Aber, sagte ich mir, er ist mein einziger Freund, ich kann seinen Garten nicht verwildern lassen.

*Es wird viel zu viel gearbeitet auf der Welt.
Ein immenser Schaden wird durch den Glauben
angerichtet, daß Arbeit eine Tugend ist.*
Bertrand Russel

Heinrich Droege

Der Letzte Tag

"Gehen wir?" - "Sofort; - will nur noch meine Pfeifen holen." "Ohne die gehst du wohl nie?!" Es war mehr eine Feststellung als eine Frage. Er wußte es ja.

Hilde saß vorm Spiegel und kämmte sich. Ich streichelte ihr Nacken und Brüste. Schade, daß Werner vor der Tür auf mich wartete. Aber ein Nachmodulieren der Kurven mit nervösen Fingerspitzen wagte ich doch; und sie erwiderte mein Streicheln, befühlte die Beule in meiner Hose. "Vorsicht! Werner wartet, wird womöglich gleich reinkommen." Ich applizierte noch schnell spitze Küßchen auf die erigierten Augen rechts und links und suchte dann zum Nachttisch hin, wo meine Pfeifentasche lag.

Werner kauerte vorm Kühlschrank, Verwünschungen ausstoßend: "Scherscheh la famm! - der Whisky ist weg." Edith bestritt nicht ihn requiriert zu haben:"Braucht ihr mittags schon zu saufen! Geht lieber in den Garten jäten und häckeln." - "Eher laß ich mir Cayenpfeffer auf die Eichel streuen," beteuerte Werner. Und sie hatte ihre gallige Stunde, schimpfte:"-Deine Faulheit kennt keine Grenzen!" Und er: "Erlaube mal, ich rackere mich redlich jahraus jahrein ab für unsere Brötchen, jetzt aber habe ich Urlaub." Und sie: "Würde deinem Fettwanst nicht schaden; dein Bauch wird immer dicker vom Sau-

fen." Und er: "Lieber einen Bauch vom Saufen, als einen Buckel vom Arbeiten." Aber dann ging er schniefend ab. "Da habe ich was gemacht, als ich mir so ein Weib auf den Hals lud: - scheiß Hormone!" fluchte er neben mir her.
Der Tag schwenkte seine blaue Standarte, lichtlohend. Wir quälten uns zum Strand hin, das Keifen noch in den Ohren. Aber wenig schuldbewußt waren wir; wir wissen nämlich, daß es ein großes Unglück ist, sich selbst zu mißfallen, weil wir dann anderen auch nicht gefallen können.
"Meine ist nur zufrieden, wenn sie mich von früh bis spät wuhlacken sieht. Ach Werner, mach dies, ach Werner, mach das! Arbeit entehrt schließlich nicht. Hat sie wohl aus der Schule oder ausem Konfirmantenunterricht. Das Hohelied der Arbeit. Und alles ethisch und moralisch postuliert. Ethos der Arbeit - und der Adel der schwieligen Hände. -Scheiße! Arbeit alleine ehrt keinen Menschen, warum auch. Arbeit um ihrer selbst willen ist geradezu pervers. "-" Masochistisch!" warf ich ein. "Vielleicht auch das. Jedenfalls arbeiten wir alle zu viel - ich viel zu viel! Und für was? Für ne neue Polstergarnitur, für nen neuen größeren Wagen, für Pay-TV, für-für-für... zuletzt für ne schöne Beerdigung und nen marmornen Grabstein."
Auch ich intonierte seinen Song; die Gelegenheit kam mir gerade recht. "Und wer nicht gerade durch Kiemen atmet, muß doch spätestens mit 30 merken, was um ihn und mit ihm gespielt

wird: ora et labora, zum höheren Nutzen einer kleinen Clique."
Wer die Nase voll hat, dem geht der Mund über. Uns. "Haben wir denn den Garten Eden und das Schlaraffenland vergessen, diese Träume des trotz knochenkrümmender Arbeit darbenden Menschen, des Menschen, der seine Unschuld verlor, als er zu schuften und zu raffen begann. Seit der Reformation - spätestens! - hat bei der Arbeit der Spaß aufzuhören. Seit da schlägt das christliche Arbeitsethos voll durch und der Kapitalismus beginnt, ungewollt noch von Luther, gewollt schon von Calvin."
"Fleißig und pünktlich, bescheiden und gehorsam wollen sie uns, ideale Sklaven, Idioten, die ihre Triebe und Wünsche unterdrücken, noch mehr, als sie von den geschriebenen und ungeschriebenen Gesetzen schon unterdrückt werden, die ja nicht drängen und drängeln, die überhaupt vergessen haben, wohin sie drängen könnten."
Wieder konnten wir nicht streiten, waren zu sehr einer Meinung. Dennoch immer wieder das kritische Abklopfen der eigenen Position: stand man denn auf sicherem Grund? Noch dreihundert Schritte das angeschlagene Thema, dann:
"- man müßte alles anders machen, ganz neu beginnen: refaire sa vie; aber es wird nichts draus, man trottet so weiter, Resignation oder die Angst, daß schützende Gewohnheiten verloren gehen." Und ich bestätigte: "Was habe ich nicht schon alles tun wollen, den ganzen Kram hinschmeißen, neu anfangen und ganz anders;

aber man macht weiter, zugedeckt von Alltagskram - und findest zuletzt erträglich." Wahrscheinlich wollte ich noch etwas sagen, aber Werner stibbste mich an, gebot: ducken!! Wir machten beide einen Kniefall und reckten vorsichtig sichernd lange Hälse. "Potz-Titti-seeh!" entfuhr es Werner anerkennend. Und tatsächlich - Zungenschnalz und Stielaugen - da lag eine ohne alles und kreierte einen Hintern, "wie ihn Frau Venus nicht schöner haben kann", meinte er. Wir gierten zu ihr hin, kaum daß ich eine Bremse anvisieren konnte, die mir das Blut aus der Wade zapfte. Wir sagten lange nichts, ungewöhnlich lange, dann Werner: "Die könnte uns glatt zu Säuen machen." - "Und ob!" bestätigte ich, muß aber so lüstern dreingeschaut haben, daß er erklärend CIRCE sagte. Es nochmals sagte. Da erst fiel mein Groschen:- "ach so meinst du das." Jetzt stand sie auch noch auf, stülpte sich ein komisches Kapottchen über die blondwallende Mähne und schritt zum Strand, tauchte einen Zehen ein -, und wallte dann doch zurück zur Decke. Das wippte vorn und wappte hinten, und wir beide ganz Breitmaul und Augendreh.
"Huhu!" hallte es von nicht sehr fern. Unsere Frauen kamen, Picknickkörbe und Kinder am Arm. "Meiner ersten Liebe sah die vorhin sehr ähnlich", meditierte Werner, mehr für sich als für mich gesprochen. "Hör schon auf! Die erste Liebe beginnt nach der Fünften in unserer Fantasie zu erblühen, später zu wuchern." Da war

meine Fünfte schon auf Hörweite heran und wir verstummten.

Die Sonne stand senkrecht über uns, machte selbst die Luft wahnsinnig, die flimmerte über dem hellen Sand, zeigte die Landschaft in ständiger Vibration. Ich wischte mir den Schweiß aus den Augen. Aber auch den anderen perlte es über Stirn und Brust. Am besten, mit den Kindern im Wasser tollen, Hafen buddeln, Muscheln sammeln...

Später: Ein Schmetterling torkelt vorbei, läßt sich an einer Binsenlanzette nieder und klappt öfter die bunten Flügelchen auf. "Ach wie schön!" begeistert sich Hilde. "Welch herrliche Farben!" Wir spitzelten zu ihm hin und beguckten ihn ganz genau: wirklich prächtig! Obwohl, mich beeindrucken Formen eigentlich mehr als Farben. Was ist das vielfarbige Schillern dieses Schmetterlings gegen die vollendete Form einer großen Katze oder eines Haies? Wir redeten ein paar Sätze darüber, meine Formschöne und ich. Sie bestand auf dem Primat der Farbe, ich auf dem der Form. Ansichtssache; über so was würden wir nie streiten. "Stell dir vor, du gescheckt, geringelt, getigert, gekleckst, rot, grün, blau, violett. Knallrot der Po, die Brüste, das Ypsilon: alle primären Geschlechtsmerkmale. Das Gesicht blaugrün, gelbumringelt die Augen, Hände und Füße dagegen von leuchtendem Blau." - "Eine Fantasie hast du-!" (Müßte sie eigentlich nicht immer wieder erneut feststellen; hatte doch oft Anlaß und Gelegenheit, den Geisir meines stets tätigen Hirns zu bestaunen.) "Wir würden nicht nur steilen Brüsten und langen Beinen huldigen, sondern auch dem Giftgrün des Nabels und den pittoresken Farbmustern auf euren Rücken. Und eine Vielzahl neuer Vergleichsmöglichkeiten ergäbe das, und ein Grund mehr, öfters mal eine Neue - zu betrachten. Eine mit rotblauen Rauten auf den Hinterbacken würde mich wahrscheinlich unsinnig machen." Mehr gab der Einfall nicht her. Klar, mir fielen noch UNVERÄNDERLICHE KENNZEICHEN im Personalausweis ein und die Möglichkeiten der Kosmetikindustrie usw., aber ich war zu faul und zu dösig, um weiter zu reden.

Erst nur ein kleines Wölkchen, und wir freuten uns über die Insel im Blau. Aber zusehends wurde ein Archipel daraus. Die Wolken zusselten an den Rändern aus, verschoben die Ufer ständig. Wenn ein Wind reinfuhr, riß es kleine Inselchen aus den Wolkenballen. Ständig war da oben Bewegung; - und dann stiegen schnell Wolkenberge wie Riesenquallen aus dem Meer und wurden zu einer schwarzen Wand in der Blitze züngelten. Das Grollen des Donners hörte man noch nicht, aber es stank infernalisch nach Schwefel und die Luft schien zu knistern. Es war aber auch zu schwül seit Stunden schon. Die Frauen rafften alles zusammen und zeterten mit den Kindern, die durchaus keinen Grund zur Eile sahen. Auch wir Männer nicht. Ich verzögerte den Aufbruch absichtlich, um den Aufzug des Gewitters über dem Meer zu sehen; zu fühlen. Die Sonne magerte schon sehr. Ein Wind stöberte am Boden hin, spielte mit verlorenem Papier, drehte es, wirbelte es baumhoch. Die Landschaft verschwamm in zarte Pastelltöne. Der Donner rollte jetzt schon beträchtlich. Auch das Meer verlor seine Farbe, kochte, wütete, schäumte wie Champagner. "Wie das Wasser blüht", sagte die Kleine und faßte meine Hand fester. Die Frauen waren weit voraus und drohten und flehten zurück. Wir lasen die Gesten, verstanden aber keines der Worte; die riß ihnen der Wind aus den Zähnen und entführte sie landeinwärts. Lange hielten auch wir nicht mehr aus. Die Regenpeitsche trieb uns an, der Wind schob uns besorgt über die Dünen. Aber noch einen Blick zurück: das eben noch tischplane Meer gebar Berge und Täler, meterhohe Wellenkämme ritten gegen Land, eine grüngelbe Schaumkrone zierte einen jeden. Gräser schmiegten sich eng an den Boden, ein Vogel torkelte hilflos zwischen den Bäumen. Um 17 Uhr erlosch die Taglampe, blakte noch ein bisserl hinter brodelnden Wolken, ging dann ganz aus. Regenböen flatschten uns die gekrümmten Rücken - und dann der erste Blitz - nahe!! fuhr mit widerlichem Gekreisch in einen Baum. Und dann jaulte und brüllte es um uns rum. Angst? - ich weiß nicht, aber mein Herz flatterte nun doch. Sabinchen hing an mir und kuschelte ihr Gesichtchen in meine Armbeuge. Die Bäumchen ums Haus machten sich schlank und bogen sich gegen die Fenster als begehrten sie Einlaß (den

ich gewährt hätte, wenns möglich wäre; es war für sie sicher auch kein Vergnügen dem Wüten ausgesetzt zu sein).
Unter der Tür empfing mich Hilde mit Gewitter im Gesicht. Sie entriß mir das Kind, schrie mich an: "wenn du schon - verrückt wie du bist - dein Leben aufs Spiel setzen mußt, dann laß mir wenigstens die Kleine!" Und dann wurde die Kleine gehätschelt und getröstet und die wußte gar nicht warum und weshalb. Und das tretschte jetzt. Die Fenster waren blind versponnen mit Silberschnüren. Auf der Veranda tanzten tausend lustige kleine Wasserkobolde. Über die Traufen schwappten ganze Wasserfälle und Blitze zerschlugen allenthalben die Landschaft. Da wurde Hilde doch lieber wieder friedlich und krümelte sich in meinen Arm; erkundigte sich, ob auch nichts passieren kann. "Nichts!" behauptete ich, als geböte ich Blitzen und Sturm. Vorm Haus drehte der Wind einen Strick aus ihren Hemdchen und wirbelte die Höschen immer rund um die Leine. "Hach, die Wäsche!" schrie sie, und war schon weg, draußen, rupfte und zupfte am Nylonseilchen, entklammerte mit flinken Händen, trat Rosanes und Zartblaues in den Dreck, raffte sich Vieles schützend vor die Brust und schaffte es bis unters Regendach in 44 Sekunden;(und ich war pervers genug die Zeit zu stoppen: tatsächlich). Auf ihrem Kopf verlor alles die Facon, Haare schlierten über Hals und Schulter strähnig strang.

Der Regen ließ schnell nach. Auch wurde es wieder heller draußen. Dafür aber wurde der Sturm immer brüllender. Sand rieselte gegen die Scheiben mit dem Geräusch vieltausend krabbelnder Insekten. Über dem Meer rollten Brecher heran als ging Atlantis jetzt eben unter; oder als tauche es wieder auf aus dem Meer. Das Licht brannte noch; aber man konnte drauf warten bis die Masten knicken würden.

Die Kinder wollten beschäftigt sein. Ich spendierte 4 Bogen DIN A 4, während Werner alle verfügbaren Buntstifte zusammensuchte und anspitzte. Frank gab Anweisungen: "Also, Satzgegenstand übernehme ich - Satzaussage übernimmt Sabine - Papa die Beifügung - und Heinrich... Und keiner darf sehen, was der andere schreibt - iss ja klar." Wenn man nur geahnt hätte, was der andere ... Aber das war ja wohl der Witz. Es kamen aber auch die apart verrücktesten Sätze zustande: Mutti popelt am Meer. (Warum nicht auch da?) Frank pisst im fliegenden Tempel; ...

Frank wollte wissen, wieso es die 3 Artikel gäbe, und warum DAS Loch und DIE Stange... Ja, warum? Wir sahen uns blöde an, Werner und ich, und wieder war ein Stück des väterlichen Prestiges hin, und der Zweier in Deutsch wurde uns auch nicht mehr geglaubt. "Sag doch was!" forderte Werner. "Ich weiß auch nicht. Aber der Junge hat recht, DIE Loch und DER Stange wäre wenigstens noch´n bisserl sinnvoll."

Später die große Illusionsmaschine angeworfen, TV: Nachrichten. Da wir des französischen nicht mächtig waren, sahen wir nur Bilder, aber die reichten einem. Kriegsschauplatz Nah-Ost. Da keine Seite nennenswerte Geländegewinne machte, wurden die Verluste an Material vorgeführt: zerschossene Panzer, ausgebrannte Hubschrauber, zerstörte Dörfer und Fabrikanlagen - und ganz verschämt ein Kameraschwenk über verkohlte Leichen. Die totale Gegenwelt zum Paradies; auch zu unserem hier in der Bretagne.
"Der perfekte Kapitalismus", sagte Werner vor sich hin. Ich erschrak fast. Aber er hatte recht: totaler Verschleiß nach wenigen Wochen und sofort notwendiger Ersatz zu Preisen, die von der Rüstungsindustrie bestimmt werden.
Alle vier in einem Raum, aber jeder mit sich selbst beschäftigt. "Macht doch mal was", bat Edith. "Warum sonst hocken wir denn hier aufeinander?" - "Ja warum? Wir drängen aus Mangel zueinander, immer und überall; und auch in der Liebe. Und das ist sogar gut so."
"Heute ist doch der vierte Tag, FETE DE L` OPINION, also los, feiern wir den Tag, spielen wir das Spiel", bot Werner an. Erst mußte er mal den großen Kalender der Französischen Revolution erklären, dann die letzten Flaschen entstöpseln - dann gings los: Tag der freien Meinungsäußerung. "Also-" (lange Pause - soll ichs wagen, soll ichs sagen?) hub Edith an: "du bist zu egoistisch und faul..." "Ich und egoistisch und faul", protestierte Werner sofort. "Ja, zu egois-

tisch mit deinem Geist und deiner Zeit, nicht was Geld angeht, nee, mit der Zeit, die du der Familie zu Verfügung stellst." - "Und du putzt und wienerst wenn ich heimkomme, verbreitest Unruhe, scheuchst mich und das Kind..." Und sie spuckte sofort zurück: "Wann sonst soll ichs denn tun? Ich gehe ja schließlich auch arbeiten. Ein Putzteufel bin ich nicht, vielleicht gemessen an dir, ja! Du kannst doch Dreck um dich haben wie Milben - im Dreck fühlst du dich erst richtig wohl - guck nur wie er aussieht, unrasiert und knieselig..." Er antwortete ruhig und gelassen (jetzt noch):"Na und, ich trage meine schöne Seite innen; wenn ich mal gewendet werde, werdet ihr geblendet sein von meiner strahlenden Schönheit." So gings 10 Minuten hin her zwischen den Beiden, und ich grinste mir eins, aber nicht mehr lange, dann kam ich dran. "Du bist rechthaberisch, unbeugsam, willst deinen Willen immer durchsetzen." - "Ja, wenn ich Recht habe, etwas als richtig erkannt habe und die Widerstände nicht viel größer sind als meine Möglichkeiten... und dabei bin ich meist gut gefahren." Auf seine mokante Art merkte Werner dazu an: "So glücklich ist er, daß er wenigstens immer weiß, was richtig und gut und erstrebenswert ist, ich weiß das fast nie, das Abwägen des Für und Wider lähmt meine Entschlußkraft; - ich habe zu viel von einem Hamlet, er hat zu wenig davon." - "So kann man aber auch Bequemlichkeit bestens motivieren", meinte Hilde. "Sag ruhig Faulheit, und du triffst es genau",

sagte Edith. Und dann seine große Verteidigungsrede (die er öfters hielt, die wir schon kannten, nur Nuancen waren jeweils anders gesetzt). "Einen faulen Sack, heißt sie mich, weiß wohl nicht, daß Faulheit Protest gegen Arbeit ist, gegen Arbeit, die Leidensdruck bedeutet, die mir die Zeit frißt, die ich für anderes besser anwenden könnte. Ich lobe das Nichtstun nicht; ich lobe das Schaffen, das vielseitige Betätigung ist, lobe die Muße, die ja auch tun ist, die den Kopf und die Sinne beansprucht, meist nicht zielgerichtet, zumindest nicht auf Leistung, die in der Herstellung eines Produkts mündet. Wieso wiederhole ich mich dauernd, verschwende meinen Atem? rede an gegen alle, die krummgeackerte Rücken und schwielige Hände loben. Geradezu Hymnen singen knechtige Schreiberlinge darauf, sicher deshalb, weil sie selbst keine schwieligen Hände und leergeschufteten Köpfe haben wollen. Gott hat die Arbeit verflucht, vergeßt das nicht. "-" Und das sagst du Gottloser", fiel Edith ihm ins Wort. "Immer wie es dir in den Kram passt." - "Dann sage ich es so: Die Bibelautoren waren weiter als wir heute; die haben gewußt, daß Arbeit ein Fluch ist. Ich jedenfalls habe keine Schuldkomplexe, wenn ich auf der faulen Haut liege. Ergomanie soll mir keiner nachsagen können."
Jetzt, spätestens, mußte ich den Freund unterstützen. "Er hat recht. Sagen wir es so: Bei den gerühmten Griechen und den nachäffenden Römern haben nur die Sklaven gearbeitet, die Her-

ren haben es mit den Musen gehalten, und deshalb nur konnten sie schaffen, was wir heute Wiege des Abendlandes nennen. Auch wir haben unsere Sklaven heute: die Maschinen und Computer, ergo arbeiten die für uns, setzen uns frei von Arbeit, wenigstens teilweise..."
"Aber deshalb doch haben wir Millionen Arbeitslose", warf Hilde ein. "Wir haben sie deshalb, weil wir nicht längst alle weniger arbeiten, ALLE, nicht 6 Millionen überhaupt nicht mehr, während ich mich 40 Stunden plus Überstunden abrackere, Frau und Kinder kaum noch sehe, total verblödet bin demnächst, weil ich kaum noch dazu komme, ein Buch zu lesen..."
"So ist es, Freund!" applaudierte Werner. "Guckt euch die gierigen Raffer und Zocker an, die nur noch der DAX interessiert, die nur noch reich werden wollen. All You need is cash! Es ist den Kapitalisten gelungen, jeden zum Scheinkapitalisten zu machen, zum Börsenjobber, zum Aktionär... und Solidarität zum Fremdwort. Jede Woche eine Superfusion, und jede kostet zehntausende Arbeitsplätze; aber jeder Kleinaktionär begrüßt das, weil er glaubt, reich zu werden dadurch. Aber er wird nur eines: ärmer. Ärmer an Gemüt und kritischer Intelligenz. Hugh! ich habe gesprochen."
So ging das eine Stunde laaang und läääänger.
Mir war recht dösisch-schummrich im Kopf, und aus dem Magen herauf drückte es mehr als unangenehm bis zum zweiten Halsknorpel, trotz Schnaps und Natron. Die gedunsene Plauze nach

dem frugalen Mahl. "Ich latsche noch zwei Meilen", verkündete ich, hoffend, daß sich jemand anschließt. Aber kein Mucks von irgendwo (die Blinsen müssen denen bestens bekommen sein; oder waren sie nur so faul wie Diogenes Werktags?) Alle drei rissen abwechselnd die Mäuler auf, ungeniert, ohne Hände vorzuhalten, gaben Gold- und Silberfüllungen zur Besichtigung frei, und räkelten sich träge auf Teppich und Kissen. Mußte ich also alleine hinaus in die Nacht!? Ich verabschiedete mich pathetisch, als gälte es, den Erdball auf Schusters Rappen zu umrunden. Küßte meine Liebe, streichelte noch einmal; da lüpfte sie doch den Hintern und kam mit.
Draußen kimmerische Nacht. Der Leuchtturm blökte wie eine Kuh: wahrhaftig. Hand in Hand schritten wir furchtlos nordwärts: in terra incognita. Ich jedenfalls hatte diese Gegend noch nie heimgesucht. Hilde mahnte, nicht zu weit zu gehen in solcher Nacht (in solcher Nacht??), in völlig fremder Gegend. "Noch 500 Meter", bat ich. "Wer weiß, was da auf uns wartet. Wunderland vielleicht. Hilde im Wunderland. Stell dir das gefälligst vor: du so groß wie Däumeling und dann die Mäuse-." Sie schüttelte sich angeekelt. Um ihr Alpträume zu ersparen, zeigte ich ihr ein anderes Wunderland, wo alles riech-, tast- und eßbar weich ist, und die Wünsche erfüllt sind, bevor sie gedacht. Ein langer Feiertag ist das Leben dort, ein ständiger Sonntag; man ißt und ruht und badet, man fühlt sich sauwohl und altert nicht. Aus den Quellen sprudelt köst-

liches Wasser und lieblicher Wein..."-" Du magst doch lieber ganz herben, trocknen", erinnerte sie. "Oh Weib, bitte, unterbrich mich nicht, sonst schwindet mir das Gesicht auf dies herrliche Land. Du dürftest mir einen Apfel reichen, in den ich herzhaft bis auf die Kerne reinbeißen würde - und ohne daß wir vertrieben würden aus diesem Lucky-Lecker-Land. Es gibt Kognakbäche und Biertümpel, und jedes Dorf hat seinen Raviolivulkan, und nebenan einen güldenen Teich, und wer darin badet wird jünger statt älter." - " Aber zu lange dürftest du dich in dem Teich nicht suhlen, wir haben unseren Kinderwagen schon lange verschenkt, vergiß das nicht. - A propos Kinder; gibts die da?" - "Ja, natürlich, aber die schlüpfen dort aus Eiern, weil es nur die Wonnen der Empfängnis gibt, aber nicht die Schmerzen der Geburt. Und um deinem Einwand gleich zu begegnen, die Männer brüten die Eier aus. Du dürftest dort allerdings nicht deine Stricknadeln kreuzen, und Holz hacken schon gar nicht, alles schweißtreibende ist verpönt, die höchste Tugend ist dolce far niente." - "Aber wenn ich mich da langweilen würde", wollte sie wissen. "Dann würdest du Urlaub zum Arbeiten bekommen."
Und nochmals das Meer. Die Luft jetzt naß bis in die Lungen hinein. Die schwarze Wassermasse hob und senkte sich wie die Brust eines schlafenden Menschen. Ein recht klammes Gefühl preßte mir die Brust. Verständlich die Geister- und Koboldseherei der Briten. Selbst ein so auf-

geklärt Ungläubiger wie ich könnte da allerhand zusammenspinnen.

Nach einer Stunde fröstelnd zurück; da schmeckte der Schnaps nochmal so gut. Die Beiden hatten sich schon aufs Ohr gelegt, auch die Kinder schliefen ruhig und tief. "Aber was stinkt denn hier so?" erkundigte Hilde und schnüffelte dem Geruch nach. "Zeig her! hast du wo reingetreten? Natürlich!" Zwischen Absatz und Sohle quetschte der Dreck; von einem Hund, einer Katze? Auf der Terrasse spachtelte ich den Schuh sauber; und mußte nachher lange Handwaschungen vornehmen, mit viel parfümierter Seife. "Midas müßte man sein, dem wurde bei Berührung Scheiße zu Gold." - "Dann hättest du aber auch Eselsohren", wußte sie aus der Küche heraus.

Der Leuchtturm brüllte und wischte seine Lichtfinger übers Haus. "Gehen wir schlafen?" - "Was sonst." - "Vergiß den Wecker nicht auf fünf Uhr zu stellen." Die Tage ohne Hosen sollten vorbei sein.

Schön war`s: Tage tiefer Ruhe und Kontemplation. Ruhe und heitere Zerstreutheit öffnen Türen, erlauben Blicke auf Miniaturen und auf ganze Welten. Herrliche Mattigkeit und dankbares Glücksgefühl: "Komm meine Liebe." Und einander festhalten bis in den Schlaf.

Zuende ein Tag: rund und voll wie der Arsch meiner Geliebten neben mir. Hundert mal hundert Stunden müßte so ein Tag haben. Es ist nicht viel was ich begehre: die Ruhe dieser Tage

oft, den Blick in ihre heiteren Augen, das Gespräch mit Freunden, Wein und Käse, das runde Gefühl ihres Körpers in meinen Händen, das helle Glockenlachen der Kinder, ein bißchen Natur.
Es ist nicht viel, was ich begehre.

"Arbeit ist Massenmord oder Genozid. Zwischen 14.000 und 25.000 Menschen kommen in diesem Land jährlich bei der Arbeit um. Mehr als zwei Millionen werden dabei zu Behinderten. 20 bis 25 Millionen werden verletzt. In dieser Zahl sind noch nicht einmal die Menschen mit Berufskrankheiten einbezogen. Es wird nur die Oberfläche angekratzt. Was die Statistik nicht aufzeigt, sind all die Menschen, deren Lebensdauer durch Arbeit verkürzt wird - das ist doch eben Mord...Natürlich darf man auch nicht versäumen, all die Opfer von Umweltverschmutzung, arbeitsbedingtem Alkoholismus und Drogenabhängigkeit zu zählen. Hier werden Menschen gekillt in wenigstens sechsstelliger Zahl, allein um den Überlebenden BigMacs und Cadillacs zu verkaufen!"

Bob Black, USAmerikanischer Journalist

"Wer nicht arbeiten will, der soll auch nicht essen."-Dieser Spruch aus der Bibel ist ein volkstümlicher Grundsatz. Er müßte lauten: Alle sollen essen und so wenig wie möglich arbeiten. Aber auch das ist noch viel zu allgemein. Die Arbeit zum Oberbegriff menschlicher Betätigung zu machen ist eine asketische Ideologie... Die proletarische Forderung geht auf Reduktion der Arbeit. Sie bezweckt nicht, daß in einer künftigen besseren Gesellschaft einer davon abgehalten werde, sich nach seiner Lust zu betätigen, sondern sie geht darauf aus, die zum Leben der Gesellschaft erforderlichen Verrichtungen zu rationalisieren und gleich zu verteilen. Sie will dem Zwang und nicht der Freiheit, dem Leid und nicht der Lust eine Schranke setzen. In einer vernünftigen Gesellschaft verändert der Begriff der Arbeit seinen Sinn.

Max Horkheimer, aus Notizen 1950 bis 1969.

Heinrich Droege

Vom Aberwitz unseres Arbeitsethos

Wir haben nicht nur ein Recht auf Faulheit, wir haben die Pflicht zur Faulheit. Wir haben die Freiheit etwas zu leisten, und die Pflicht, es zu lassen. Indem wir in dem Industrie-System etwas leisten, schädigen wir andere: die Kinder, die Freunde, die Natur... Wir haben die Industriegesellschaft zu kultivieren, wir kultivieren sie durch Faulheit.

Arbeit bestimmt unser Leben. Selbst in der sogenannten Freizeit wird noch gearbeitet. Die meisten Menschen arbeiten nicht nur für ihren Lebensunterhalt, sondern sie leben, um produzierend und konsumierend eine verselbständigte Wirtschaftsmaschinerie in Gang zu halten.

Wo größtmögliches Wachstum von Produktivität und Wettbewerb als letztes und einziges Ziel menschlichen Handelns gelten, wird jedem eingeredet, daß man sich den Kräften der Ökonomie nicht entziehen kann.

Erwerbsarbeit ist zwangsläufig meist unpersönlich, formal, funktional, aber selbst wenn wir davon frei sein sollten, sind wir es nicht, weil Erwerbstätigkeit (auch Konsum ist Erwerbstätigkeit) und berufliche Karrieren unser Leben mehr und mehr prägen. Der Kapitalismus ist ein fortwährender Prozeß der "schöpferischen Zerstörung", wie Joseph Schumpeter das auf den Punkt bringt. Dieser fortwährende Zerstörungsprozeß entwertet alles Produzierte sofort nachdem es produziert ist, hält alle auf Trab und sichert dem System die unstillbaren Kapital- und Marktinteressen.

Hinzu kommt - und das ist vielleicht das schlimmste -, daß Arbeit die Welt ruiniert. Wir leben alle von der Ausbeutung der Natur und glauben ihre Ressourcen seien unerschöpflich.

Wir leben in einem geschlossenen System Erde, und wir zerstören durch Arbeit zunehmend die Biosphäre und die Atmosphäre. Sicher hat menschliche Dummheit und Gier einen ebenso großen Anteil an diesem Tun wie emsige Arbeit. Aber die Arbeit ist ein Teil der Gier des Menschen, weil er Dinge haben will und also produzieren muß, die er nicht braucht. Die Managerweisheit: Bedarf wird nicht gedeckt, sondern geweckt! beschleunigt unseren Niedergang. Konsum ist heute das Mittel zur Beherrschung der Menschen, zu Anpassungsbereitschaft und Triebverzicht. Und die Sinnfrage wird gar nicht mehr gestellt. Es denkt doch kaum noch jemand darüber nach, was uns all der Plunder bringt, der uns ständig angedient wird: vierzig Fernsehprogramme, Handy, Internetanschluß, 8 Paar Schuhe im Schrank, zwei Autos vor der Tür...

All das kostet Geld, das wir durch Arbeit verdienen müssen. Würden wir uns irrem Konsum verweigern, müßten wir alle weniger arbeiten. Es geht darum, uns bei der Stange zu halten. Dem Telefon folgt das Handy, dem das Bildtelefon; dem Radio der Plattenspieler, dem das Tonbandgerät, dem der CD-Player usw., und mit dem Computer auf der Küchenanrichte ist der Industrie demnächst ein weiterer Griff in unsere Taschen gelungen. Bedarf wecken! das ist das Credo der Industriegesellschaft.

Sind wir nicht geistig Verirrte/Verwirrte, die dem Kapitalismus aufsitzen, wie früher den Religionen? "In der kapitalistischen Gesellschaft ist die Arbeit die Ursache des geistigen Verkommens und körperlicher Verunstaltung..." schrieb Paul Lafargue in: Das Recht auf Faulheit (1883). Es ist seit hundert Jahren nicht besser geworden sondern viel schlimmer. Der Kapitalismus hat uns mehr denn je im Griff, nicht nur am Arbeitsplatz, auch in der Freizeit; wie ein Krebsgeschwür zerfrißt er uns von innen heraus, wie eine riesige Krake sitzt er über dem Globus.

Der Stellenwert der Arbeit in der modernen Gesellschaft erweist sich schon durch kurze Rückblicke in die Geschichte als maßlos. Nach Sahlins arbeitet ein gewöhnlicher WILDER (Sammler und Jäger) nicht mehr als 4 bis 5 Stunden pro Tag. Das ändert sich dann mit der Vertreibung aus dem Paradies; die Sexualität wird zur URSÜNDE und ARBEIT ZUM GEBOT: "Im Schweiße deines Angesichts sollst du dein Brot essen" (1.Mose3.19) Damit hat Gott sich zum Arbeitgeber erniedrigt, wie Wolfdietrich Schnurre anmerkt. Bald reicht es dann für eine dünne Oberschicht, vor allem für Priester, die nicht zu ackern braucht. In der Antike (Ägypten, Griechenland, Persien, Rom) galt Arbeit als unrein und tierisch. Zum Arbeiten war die untere Klasse bestimmt, die Sklaven, die Banausen. Handwerker hießen bei den Griechen *BANAUSEN*, und damit bezeichnet man ja heute noch jemand der als unkultiviert gilt. Selbst der Handel galt als NICHT-MUßE (neg-otium), und dieser Ausdruck dafür hat sich bis heute im Romanischen und Angelsächsischen erhalten. Geldscheffeln gehörte zum niederen, zum BLOßEN LEBEN. Zum höheren GUTEN LEBEN gehörten Müßiggang und Feiern, Räsonieren und Philosophieren, Spiele und Kunstbetätigung... In den romanischen Sprachen ist "travail", "trabajo" von dem lateinischen "tripalium" abgeleitet, einem dreispitzigen Folterinstrument, mit dem unwillige Sklaven zur Räson gebracht wurden.

Die Vorstellung, daß Arbeiten nicht unbedingt etwas Knechtisches und Mühseliges sei, gar der Sinn des Lebens ist, das verbreitete dann das Christentum. Daß der Klerus selbst nicht arbeiten mochte, hinderte ihn nicht daran, dem Volk Arbeit zu predigen, ja, die Schufterei des Volkes ermöglichte dem Klerus und dem Adel erst seine Arbeitsscheu. Bis ins Mittelalter war Bettelei nicht so schlecht angesehen wie die Tagelöhnerei und andere Formen der Lohnarbeit.

An der Wiege des Kapitalismus steht die protestantische Arbeitsethik, vorbereitet allerdings schon im katholischen Thomismus (Thomas von Aquin). Der Wandel vom Mittelalter zur Neuzeit brachte dann die entscheidende Schwerpunktverlagerung von der feudalen zur kapitalistischen Erwerbsarbeit. Spätestens mit der Entdeckung der sogenannten neuen Welt, steht die gewinnbringende Aktivität an erster Stelle, vorbereitet schon in den oberitalienischen Städten, wo die Geldwirtschaft und der Kapitalismus geboren wurde. Arbeit mußte nun einen sittlichen Wert haben, einen Wert an sich. Luther postulierte: "Der Mensch ist zur Arbeit geboren wie der Vogel zum Fliegen". Bei Calvin dann steht der Gelderwerb bereits im Zentrum eines Gott wohlgefälligen Lebens.

John Locke (1632-1704) wird dann zum ersten Ökonom der Leistungsgesellschaft, und damit begann, wie Hannah Arendt schreibt:"...der glänzende Aufstieg der Arbeit von der untersten und verachtetsten Stufe zum Rang der höchstgeschätzten aller Tätigkeiten". Adam Smith begründete dann zur Zeit der schon einsetzenden industriellen Revolution die Nationalökonomie als Arbeitswertlehre.

Wissenschaft und Religion gehen seitdem Hand in Hand und erklären uns, daß Arbeit das höchste und alleinige Ziel im menschlichen Leben ist. Jetzt hat die Arbeit sogar etwas Sakrales. Sie ist nicht mehr nur Bedarfsarbeit und Dienst an der Gemeinschaft, sie ist Erfüllung des Lebens, Erfüllung des Wortes Gottes, Dienst am Herrn, Dienst an der Nation, Gebet der arbeitenden Hände...

Bei Karl Marx - auch er ein Kind seiner Zeit - finden wir dann einen hohen Stellenwert der Arbeit in seiner Auseinandersetzung mit der Arbeitstheorie von Hegel, aber bei ihm auch schon die Forderung, die Arbeit so minimal wie möglich zu halten, die Forderung nach "Nicht-Arbeitszeit", nach "free time", die Voraussetzung ist für "Mußezeit als Zeit für künstlerische, wissenschaftliche Ausbildung, für Spiel und

Spaß, für das "Reich der Freiheit", wo alleine der Mensch er selbst ist. "Das Reich der Freiheit beginnt in der Tat erst da, wo das Arbeiten, das durch Not und äußere Zweckmäßigkeit bestimmt ist, aufhört", formuliert der späte Marx.

Als erster hat wohl Paul Lafargue auch ein proletarisches Arbeitsethos diagnostiziert und verdammt: "Diese Sucht ist die Liebe zur Arbeit, die rasende, bis zur Erschöpfung der Individuen und ihrer Nachkommenschaft gehende Arbeitssucht."

Muße, Müßiggang, Faulheit waren immer Wunschträume des in seiner Arbeit entmenschlichten Menschen, immer der Wunsch, sich weniger zu placken. Das finden wir schon im Mythos vom Goldenen Zeitalter, in den Bildern vom Paradies, im Schlaraffenland, dieser wohl populärsten Phantasie des Menschen, der trotz härtester Arbeit einen knurrenden Magen hatte. Arbeit ist von Übel, lehren uns die Schlaraffen, und das wirkliche Paradies ist eines, in dem die Natur (bei uns heute auch die Maschinen und Automaten) für die elementaren Bedürfnisbefriedigungen da ist.

Maschinen, die dem Menschen die Arbeit abnehmen, Automaten, die an seiner Stelle arbeiten, ist schon früh ein Traum der Menschen gewesen. Aristoteles sagte vor 2400 Jahren: "Wenn jedes Werkzeug seine eigene Funktion selbst erfüllen könnte, wenn zum Beispiel das Weberschiffchen alleine wirken könnte, dann würde der Meister keine Gehilfen brauchen und der Herr keine Sklaven."

In Thomas Morus "Utopia"(1516) ist Arbeit zwar Pflicht für alle, um so die soziale Gleichheit aller zu garantieren, aber Morus fordert einen Arbeitstag von höchstens 6 Stunden. Tommaso Campanella in seiner Renaissance-Utopie vom "Sonnenstaat" einen vierstündigen Arbeitstag.

Heute, wo viele der Utopien der Menschheit greifbar sind, und wo Erwerbsarbeit Mangelware ist, müssen wir uns an Lafargue erinnern, der einen Arbeitstag von 3 Stunden forderte, denn dank der Maschinen, dieser "Erlöser der Menschheit" fordert er eine strikte Rationalisierung der Arbeit. "...man muß, um Arbeit für alle zu haben, sie rationieren wie Wasser auf einem Schiff in Not." Arbeit fordert er, darf nur mehr Beiwerk sein zu "Muße und Freiheit."

Es gab immer denkende Menschen, die fehlgeleitete Aktivitäten in Frage stellten, es gab Warner, es gab Verweigerer, Schopenhauer und Nietzsche, Büchner und Lafargue... Sie wurden unterdrückt oder als Irre abgetan. Nietzsche in MENSCHLICHES, ALLZUMENSCHLICHES: "Aus Mangel an Ruhe läuft unsre Zivilisation in eine neue Barbarei. Zu keiner Zeit haben die Tätigen, das heißt die Ruhelosen, mehr gegolten. Es gehört deshalb zu den notwendigen Korrekturen, welche man am Charakter der Menschheit vornehmen muß, das beschauliche Element in großem Maß zu verstärken... Wenn Müßiggang wirklich der Anfang aller Laster ist, so befindet er sich also wenigstens in der Nähe aller Tugenden; der müßige Mensch ist immer noch ein besserer Mensch als der tätige." Vor allem ist er friedfertiger.

Nach zwei verheerenden Kriegen im 20. Jahrhundert, und nachdem die Zerstörung der Welt durch Arbeit evident ist, denken mehr und mehr Menschen darüber nach, was wohl faul ist am Industriezeitalter, was aber nur zur ökologischen und sozialen Anpassung des Industriesystems führt. Es handelt sich hierbei nur um eine pietistisch-romantische Wendung zur Arbeitsreformation, um das Recht auf Eigenarbeit, nicht um das Recht auf Faulheit.

Diese Gesellschaft aber braucht ein Recht auf Faulheit, als Recht auf Muße, Kontemplation, Nichtstun... Wir müssen das Nichtstun zur Tugend erheben, wollen wir nicht im globalen Roboterstaat enden, der von unkultivierten Nutzmenschen, von Arbeitstieren und Konsumidioten bevölkert wird.

Nicht Sachen sind das Wichtigste in unserem Leben, sondern Personen, nicht unsere virtuelle, künstliche Welt ist wichtig, sondern die Natur und wir in ihr. Zum Ausbilden einer Persönlichkeit läßt uns unsere Gesellschaft kaum noch Raum und Zeit. Der Mensch wird nach seinem Besitz taxiert, nicht nach intellektuellen und emotionalen Werten, schon gar nicht, wenn sie nicht industriell und wirtschaftlich zu verwerten sind.

INDUSTRIE heißt der Wortbedeutung nach so viel wie FLEIß, BETRIEBSAMKEIT, EMSIGKEIT. Muße und Müßiggang, Inaktivität und Kontemplation erscheinen in diesem System als Faulheit, als die KATASTROPHE schlechthin.

Wir müssen uns fragen, ob nicht im Gegenteil unsere ökonomischen Aktivitäten die Katastrophe sind. Georges Bataille weist darauf hin in seinem Buch LA PART MAUDITE. Für ihn führt das Übermaß an Energie und Produktion in die Zerstörung. Dieses Übermaß muß verschwendet werden, und für Bataille ist die beste Möglichkeit: Faulheit und Müßiggang.
Es gab Zeiten, da war Arbeit die wichtigste Nebensache im Leben. So viel Arbeit wie unbedingt nötig, aber bitte nicht mehr. Laßt uns lieber spielen, dösen, blödeln, denken...
Faulheit bedeutet ja nicht nur Arbeitsverweigerung, sie bedeutet vor allem Muße, und die ist nicht Nichtstun, sondern höchste Aufmerksamkeit des Kopfes und der Sinne und allseitige Betätigung des Menschen. Arbeit hingegen ist hauptsächlich Leistung, deren Sinn und Zweck von anderen gesetzt wird und deren Resultate ihren Wert nicht in sich haben, deren Wert und Sinn uns eingeredet wird...
Faulheit ist eben nicht nur Nicht-Arbeit, Nichtstun usw., nur in der Faulheit/Muße eröffnet sich die Chance zum Bewußtsein, zur Emanzipation.

Eine Gesellschaftswissenschaft im Dienst der Herrschenden behauptet, daß der Mensch von Natur aus faul sei, man müsse ihn zwingen zu arbeiten. Jede schöpferische Tätigkeit widerlegt dieses Interessenvorurteil, wenngleich diese Wissenschaft damit zugibt, daß der Mensch gegen seine Natur lebt, was ja nicht folgenlos ist. Weiterhin behauptet diese Wissenschaft gebetsmühlenartig, daß der Mensch nur in seiner Arbeit Mensch ist. Da fällt mir Brecht ein: "Euch ist der Mensch erst Mensch, wenn er sich plagt! Ich muß gestehen, daß mir das nicht behagt."

Daß der Mensch sich nur in seiner Arbeit verwirklicht, wiederfindet... er durch Arbeit Mensch ist, mag ja ein Stück weit sogar wahr sein, aber diese Arbeit muß er selbst wählen können. Schluß muß sein mit der Behauptung: Arbeitslose sind unglückliche Menschen. Sie sind es vielleicht, weil sie kein Einkommen haben, nicht aber, weil sie ohne Arbeit sind. Wäre es so, dann müßten alle Rentner, Reichen... unglücklich sein, weil sie nicht mehr wuhlacken dürfen. Im Gegenteil haben alle meine Kolleginnen und Kollegen die Jahre gezählt, bis sie endlich aus der Tretmühle raus sind.
Und jetzt muß der Autor zum Schluß ausnahmsweise einmal persönlich werden: Seit ich "Arbeitslos" bin, habe ich viel Arbeit, spiele mit Kind und Enkeln und meiner Frau, schreibe Bücher... lebe von früh bis spät... kurz: ich bin glücklich!

AUTORINNEN UND AUTOREN

BRUNNER, Inge, geb. 1964 in Schwäbisch Hall.

DROEGE, Heinrich, geb. 1933 in Frankfurt am Main; Fernmeldetechniker, engagierter Gewerkschafter, 1974 Gründer der Frankfurter Werkstatt des WERKKREIS LITERATUR DER ARBEITSWELT, lange deren Bundesvorsitzender und Herausgeber zahlreicher Anthologien. Seit 1989 freier Schriftsteller; Mitglied im VS. Buchveröffentlichungen u. a. : 1984 Ihr habt nicht zu viel Zeit, 1987 Der Tramp, beides Büchergilde Gutenberg; 1984 Anton und Marinette, 1985 Begegnung mit Arno Schmidt, beides Brenn Glas Verlag; 1992 Tage ohne Hosen, Roman AARACHNE VERLAG, 1994 Ein langer Abschied, Roman, AARACHNE VERLAG, 1996 Leben nur leben, Roman, AARACHNE VERLAG, 1998 Nächte der Penelope, Erzählungen, AARACHNE VERLAG. Mehrere Hörspiele.

KLEINFERCHER, Peter Philipp, geb. 1977 in Seeboden, studiert in Klagenfurt und Florenz. Veröffentlichungen in verschiedenen Anthologien.

KUNZMANN, Jochen, geb.1954 in Ingolstadt; nach einer math,- nat. Grundausbildung Studium der Musik. Im AARACHNE VERLAG in „Die Verfolgung und Ermordung des (Wilhelm) Richard Wagner" der Text: „Über die Aporie einer Grökaz-Rezeption".

MESCHEK, Georg, lebt in Wien, Veröffentlichungen überwiegend journalistischer Natur, und da wiederum überwiegend Populärmedizinisches. Bis 1995 stellvertr. Chefredakteur von THM, dort u.a. Co-Autor der Serie Mikrobenjäger. Seit 1995 Korrektor und Lektor im AARACHNE VERLAG. Veröffentlichungen in zahlreichen Anthologien.

PETZ, Ernst, geb. 1947 in Villach, lebt seit 1975 in Wien. Zahlreiche Veröffentlichungen von Kurzgeschichten, Erzählungen, Essays, Features und Kurzdramen in Zeitschriften und Anthologien. Hörspiele und Theaterstücke. Buchveröffentlichungen u.a.: 1985 Vom freien Fall, Roman, Edition S, 1986 Airbus, Thriller-Parodie Roman, Edition S, 1986 Der Datenmensch, Roman, S. Fischer, Frankfurt am Main, 1988 Unerwartet und plötzlich - Todesfälle/ Todesfallen, Verlag DelleKarth, 1992 Perugia - 1 perverser

Mafiaroman, AARACHNE VERLAG, 1993 Verblödung aus den Hinterwelten, Essay, AARACHNE VERLAG, 1994 Beispielgebend Heil Hitler die Herren, 30 Stücke für die Pause, AARACHNE VERLAG, 1998 Kafka, der Golem und Fußball und Prag, Roman, AARACHNE VERLAG, 2000 Galgenbett mit Arno Schmidt, AARACHNE VERLAG.

SCHMIDT, Alfred Paul, geb. 1941 in Wien. Seit 1974 freischaffender Autor. Zahlreiche Theaterstücke, zehn Hörspiele, zwölf Drehbücher, Bücher u. a.: 1993 Hinter der Haut lauert der Tod, Kriminalroman, 1994 Beograd-Poker, Polit-Thriller, 1995 Hiob zweiter Klasse, Roman, 1999 Eine leichte Brise, Kriminalroman, alle AARACHNE VERLAG.

SCHMIDT, Matthias, geb. 1948 in Hofheim/Taunus, Diplomchemiker; seit 1987 freier Autor; Veröffentlichungen in Anthologien und Zeitschriften; Kabarettist.

SETZ, Kurt, geb. 1941, arbeitete zunächst als Sozialarbeiter mit Obdachlosen und Drogenabhängigen, war später an Volkshochschulen Dozent in der Jugend- und Seniorenarbeit; schließlich Radio- und Zeitungsredakteur, teilweise im Ausland. Veröffentlichte mehrere Sachbücher

(Europa- und Berufsratgeber). Nach beruflichem Rückschlag erfolgte Neuorientierung. Der Autor gründete den *Verlag am Mittelmeer* und lebt mit seiner Freundin in Südfrankreich

WAGNER, Achim, geb. 1967 in Coburg, lebt in Köln. Im AARACHNE VERLAG WIEN erschienen bisher *Das Finale* in *Passwort Insel* und *Drei Nächte Lebender Toter* in *Passwort Auferstehung*, weiteres *home run I & II* in *Das große Dorfhasser-Buch*. Letzter Einzeltitel: *blinder fisch – super 8 roman* in der edition sisyphos (Köln, 1998). Derzeit Arbeit an einer Reiseerzählung über Havanna. Zahlreiche Veröffentlichungen in Anthologien, und Literaturzeitschriften und Rundfunk. Im AARACHNE VERLAG Herausgegeber des Buches: „Die Verfolgung und Ermordung des (Wilhelm) Richard Wagner."

WITTROCK, Christine, geb. 1948, Historikerin, 1982 Promotion an der Universität Frankfurt am Main, Buchveröffentlichungen zur Geschichte sozialer Bewegungen, Frauenbewegung und Faschismusgeschichte, lebt seit 1999 als freie Autorin in Spanien.

BÜCHER IM AARACHNE VERLAG

Heinrich Droege
Leben, nur leben!
220 Seiten, ISBN 3-85255-017-3

Kindheit während Nazizeit und Krieg, frühe Jugend in den wilden, anarchischen Hungerjahren nach dem Krieg. Leben, nur leben! wollten alle, überleben in der Hoffnung, daß es wieder einmal besser wird. Mit abgeklärter Heiterkeit und Witz wird erzählt, welcher Finten es bedurfte, um an ein Stück Brot zu kommen, um einen Brikett für den Ofen zu ergattern. Pfiffige, schlitzohrige Jugendliche versuchen sich durchzuschlagen in dem Trümmerhaufen der Stadt, und das gelingt nur mit kleinen Gaunereien und Mutterwitz. Ohne Essen im Bauch, ohne Schuhe an den Füßen und gekleidet in alten Klamotten der Väter haben sie ihre ersten sexuellen Erlebnisse, widerstehen naiven Umerziehungsversuchen, greifen zu und helfen die elterlichen Wohnungen und die Betriebe wieder aufzubauen...
LEBEN, NUR LEBEN! ist kein Süßholzgeraspel, kein abgehobenes Glasperlenspiel für verwöhnte Knaben, kein sorglos ästhetisierendes Geschwätz, hier erfährt der Leser unverfälscht, wie es tatsächlich gewesen ist...
Herbert Heckmann im Hessischen Rundfunk

Heinrich Droege
Die Nächte der Penelope, Liebesgeschichten
160 Seiten, ISBN 3-85255-030-0

Wie der Tod gehört auch die Liebe, zumal die erotische, die sexuelle Aktivität, zu den Rand- und Tabuzonen und damit zum verfemten Teil unseres Lebens, den die moderne Gesellschaft nicht brauchen kann. Alle Phantasie, Kreativität und aller persönliche Einsatz haben sich nach den Gesetzen der kalten Gegenwart an der Berufswelt und am Konsum zu orientieren.

Ein überzeugendes Stück Literatur, eine bedrängende Parabel über das Ghetto von Gefühlen. Die Ökonomie der Sprache erlaubt kein überzähliges Wort. Das wesentliche wird nicht um- und umgewendet, es ist klar und einfach benannt, alles wird gesagt mit Präzision und in Andeutungen, die sich vibrierend die Wage halten.

Die Welt

Es sind Erzählungen von großer Moral, Erzählungen über das Verlangen, die Normen und Tabus zu überschreiten in dem Wunsch, die Vereinzelung, die Diskontunität des Lebens aufzuheben...

Hessischer Rundfunk

Ernst Petz
Kafka der Golem und Fußball und Prag
Ein phantastischer Roman
280 Seiten, ISBN 3-85255-033-5

Franz K. in einer seiner zerrissensten Phasen, und nicht nur, weil sein alter ego, der Golem, durch geheimnisvolle Zeit-Verschnitte wieder sein Unwesen treibt, weil sich die Zeit der Hussitenverfolgungen und Fensterstürze in seine verwirrte Befindlichkeit mischt, der Wunderfenster und des großen Fußballschlagers, in den buchstäblich alle Heiligen involviert sind.
Zerrissen auch, weil "es wohl nie was wird mit einer Frau..." und weil er erkennt, daß sein Freund Max B. ihn hintergangen, seine Werke entgegen allen Abmachungen nicht verbrannt hat.
Da ist es fast schon vernachlässigbar, daß auch schießwütige Mafiosi hinter ihm her sind...

Alfred Paul Schmidt
Eine Leichte Brise, Kriminalroman
220 Seiten, ISBN 3-85255-041-6

Als die Kommissarin Fanny Weibusch routinemäßig einen scheinbar eindeutigen Fall von Selbstmord untersucht, stößt sie inmitten der nur scheinbaren Idylle des Altausser-Landes in ein Wespennest: Die Verwicklungen aus Korruption, Intrige und Abhängigkeiten über Parteigrenzen hinweg werden immer unübersichtlicher, und das am meisten heimtückische "an der Wirklichkeit ist, daß sie sogar so sein kann, wie sie sich zeigt." Irgendwann muß das einzige weibliche Mitglied der Mordkommission erkennen, daß eine politische Verschwörung nicht dazu da ist,"aufgeklärt zu werden, sie habe vielmehr den alleinigen Zweck, das Mysteriöse der Macht in die Köpfe der Bürger zu hämmern."
Der beste Gebrauch irgendwelcher Weisheiten ist allerdings der, draufzukommen, daß ihr Gegenteil genauso wahr sein kann...